UNE GRANDE FIGURE D'ALPINISTE
ET D'HISTORIEN

W. A. B. COOLIDGE

PAR

M. HENRI METTRIER

MEMBRE NON RÉSIDANT DU COMITÉ DES TRAVAUX HISTORIQUES
ET SCIENTIFIQUES

(Extrait du *Bulletin de la Section de Géographie*, 1929.)

PARIS
IMPRIMERIE NATIONALE

MDCCCCXXIX

UNE GRANDE FIGURE D'ALPINISTE
ET D'HISTORIEN.

W. A. B. COOLIDGE,

PAR M. HENRI METTRIER,

Membre non résidant du Comité des Travaux historiques et scientifiques.

Extrait du *Bulletin de la Section de Géographie*, 1908.

Les lecteurs des *Jeux dangereux*, un des derniers romans parus sous la signature de Henry BORDEAUX, se souviennent sans doute de la visite faite par Sir Brian Daffodil et ses compagnons au Révérend William Augustus Brevoort COOLIDGE, le « petit vieillard qui ressemble à une chouette, oiseau de la sagesse, ou plutôt encore au docteur Faust, » en sa retraite de Grindelwald. La scène ne manque ni de beauté, ni de grandeur; elle constitue aussi un curieux document psychologique, dont la valeur eût été plus grande, s'il ne se trouvait mêlé à l'affabulation d'une intrigue imaginaire. Ce n'est jamais sans inconvénient que l'on mélange la réalité et la fiction, et COOLIDGE, s'il n'eût été, dès ce moment, étranger aux contingences terrestres, aurait certainement très peu goûté la manière assez fantaisiste dont son histoire a été contée dans ce roman. Passionné, comme il l'était, de l'exactitude, il n'eût pas manqué de désirer que les faits qui le concernaient fussent présentés sous un jour plus vrai. L'étude qui suit, a ce but, d'abord, mais, en plus, un autre motif. Si les alpinistes de tous pays, sans distinction d'écoles et de chapelles, ont contracté envers le vieux Maître une dette de reconnaissance pour les services qu'il a rendus à la cause qui leur est chère, l'alpinisme français se doit de lui témoigner une gratitude particulière, puisque ce sont les Alpes françaises qu'il affectionnait de préférence et que plusieurs de ses écrits, et non les moins importants, ont été publiés dans notre langue. C'est cette dette que je voudrais acquitter, en faisant mieux connaître le hardi pionnier, le grand érudit dont toute la vie a été dominée par l'amour de la montagne, mais sans prétendre, bien entendu, à épuiser le sujet. La personnalité de Coolidge, dans le domaine qui lui était propre, sort tellement de l'ordinaire, le sillon qu'il a creusé dans le champ des explorations alpines, est si vigoureux et si large, l'œuvre que laisse ce rare ouvrier, au soir d'une journée si bien remplie, est si considérable, qu'un livre entier ne suffirait pas pour retracer en détail sa magnifique carrière. Du moins, essaierai-je d'en marquer les étapes successives, d'indiquer les directions dans lesquelles s'est orientée. pendant un demi-siècle, l'activité exceptionnelle qu'il a déployée comme alpiniste et comme écrivain, de silhouetter enfin en quelques traits, choisis parmi les plus caractéristiques, son originale physionomie. Physionomie heurtée et pleine de contrastes, que je m'efforcerai de peindre, sans farder la vérité, mais avec tout le respect que mérite un homme éminent sous bien des rapports avec une sympathie aussi qu'expliquent les relations cordiales et confiantes qui m'ont uni à lui pendant vingt-deux ans, relations empreintes de son côté d'une constante bienveillance dont je garde un souvenir d'autant plus précieux, d'autant plus cher qu'il s'agissait d'une faveur plus rarement accordée.

I.

Ce n'est pas une des particularités les moins singulières de la vie de Coolidge que sa naissance sur le continent américain, à plus de seize cents lieues de la chaîne alpestre qui allait trouver en lui le plus ardent, le plus exclusif de ses admirateurs. La destinée a de ces caprices. Parce qu'il a longtemps résidé de l'autre côté de la Manche, qu'il était membre d'une Université anglaise, on lui a souvent prêté la nationalité de son pays d'adoption. mais à tort. Bien qu'il ait quitté de bonne heure les États-Unis pour n'y jamais revenir, il est toujours resté citoyen américain. gardant à sa terre natale cet attachement, de nature spéciale, dont un maître de la science politique. Émile Boutmy, a si bien analysé les éléments.

C'est à quinze ans que le jeune Coolidge connut les Alpes, où sa grand'mère maternelle avait déjà excursionné. Le mari de celle-ci,

Henri Brevoort, — d'une vieille famille hollandaise émigrée vers
1700 à New-York, — possédait, dans le voisinage de Broadway,
de vastes terrains qui acquirent une énorme plus-value lorsque la
croissance de la ville commença à se manifester dans le second
quart du xixe siècle. Séduit, comme beaucoup de ses compatriotes,
par la civilisation européenne, plus polie, plus raffinée que la leur,
il vint se fixer sur notre continent, à l'époque de la Monarchie
de Juillet, partageant son temps entre Paris et la Suisse et faisant
élever ses enfants, deux fils et deux filles, dans les maisons d'éducation les plus distinguées de l'Ancien Monde.

Après la mort de leur père, en 1848, les deux Misses Brevoort
retournèrent en Amérique, où l'aînée épousa, l'année suivante,
Frederick William Skinner Coolidge, dont les ancêtres étaient de
Boston, la ville la plus anglaise et la plus littéraire, à ce moment,
de l'Union. Le futur alpiniste vint au monde, près de New-York,
le 28 août 1850. A douze ans, nous le trouvons écolier à St. Paul's
School, près de Concord [1], non loin des White Mountains. Il en
avait gardé surtout le souvenir d'un climat très rude et de grandes
quantités de neige, comme il devait en rencontrer plus tard, dans
ses excursions hivernales sur les montagnes de la Suisse [2].

Mais l'enfant était de constitution chétive, et en 1864, ses parents
désirèrent le confier aux soins d'un savant médecin de Paris. Coolidge
quitta donc les États-Unis, avec sa mère, sa tante et sa sœur, âgée
alors de sept ans.

A Paris, il contracta la fièvre typhoïde et pendant longtemps sa
santé exigea des ménagements. C'est seulement en 1866 qu'il put
reprendre ses études, d'abord à Guernesey (Elizabeth College),
puis, à partir de 1869, à Oxford (Exeter College). Bachelier ès arts
dans cette dernière Université en 1873, il est maître ès arts en
1876. A trente ans, il entre dans l'Église; «diacon» en 1882,
«priester» en 1883, il desservira, comme vicaire, la paroisse de
South Hinksey, près d'Oxford, jusqu'en 1895. En 1875, il avait
été élu fellow du Magdalen College. Sa vie aurait pu s'écouler lente-
ment, pareille à l'eau de la Tamise, dans le cadre délicieusement

[1] Il s'agit de la capitale du New Hampshire, et non de la petite ville de
Concord, près de Boston, à laquelle reste attaché le souvenir d'Emerson et de
quelques autres grands noms de la littérature américaine.

[2] W. A. B. Coolidge, *My first winter visit to Switzerland* (*Swiss Tourist Almanac*,
winter 1921-1922, p. 68).

effrayée de l'état de lassitude dans lequel elle le voyait, crut qu'il mourrait d'épuisement dans la nuit, mais la jeunesse a d'extraordinaires réactions, et, un jour après, raconte le héros de l'aventure, «je me sentais frais et dispos comme je ne l'avais jamais été»[1].

Dès lors rien n'empêchait nos voyageurs de suivre jusqu'au bout le programme qu'ils s'étaient tracé. Le désir de contempler le théâtre de la catastrophe qui avait eu lieu au Cervin, le 14 juillet précédent[2], les conduisit d'abord à Zermatt, où ils gravirent le Gornergrat et la Cima di Jazzi. De là, franchissant le Saint-Théodule, puis le Col du Géant, ils se rendirent à Chamonix, d'où Miss BREVOORT espérait, malgré la saison déjà tardive, pouvoir faire l'ascension du Mont Blanc. Elle y parvint le 3 octobre, tandis que son neveu, trop faible encore pour se mesurer avec le colosse, se contentait des excursions ordinaires de la vallée : le Prarion, la Flégère, le Brévent, et naturellement la Mer de Glace. La rentrée en Suisse se fit par le Col de Balme. Telle fut la première campagne alpine de COOLIDGE; il avait pris contact avec les massifs neigeux les plus grandioses, franchi trois cols de glacier, dépassé en altitude 3.800 mètres. Pour un garçon de quinze ans qui voyait pour la première fois la haute montagne, ce n'était vraiment pas mal.

L'année suivante, la tante et le neveu, que ce rapide aperçu du monde glaciaire avait littéralement enthousiasmés, se comportèrent en élèves dociles. — on ne brûlait pas les étapes alors ! — en suivant, après avoir rendu visite à la modeste cime du Buet, l'itinéraire de Chamonix à Zermatt par la Haute Route, exactement tel qu'il est décrit dans les *Peaks, Passes and Glaciers*. Ce parcours, effectué sous la direction de Michel DÉVOUASSOUD, que nos alpinistes avaient rencontré, l'été précédent, au Col du Géant, fut constamment contrarié par le mauvais temps, mais bien qu'ayant eu à lutter contre la pluie, la neige, la tourmente, écrasés de fatigue (la traversée du Col d'Argentière exigea 22 heures), obligés de passer les nuits dans de pauvres cabanes de bergers, le courage des deux néophytes

---

[1] Cf. *Die älteste Schutzhütte im Berner Oberland. Ein Beitrag zur Geschichte der bernischen Touristik. Jubiläumsschrift* von W. A. B. COOLIDGE. Bern, 1915, p. 1-7.

[2] On sait que la conquête du Cervin coûta la vie à quatre personnes précipitées dans l'abîme par le faux pas d'un des membres de la caravane. WHYMPER et deux guides ne durent leur salut qu'à la rupture de la corde qui les reliait à leurs compagnons. Cet accident, que Gustave DORÉ illustra de façon saisissante, eut en Europe un immense retentissement.

ne se démentit pas un seul instant. Ils avaient décidément le feu sacré.

En 1867, Coolidge, dont la montagne est devenue la passion, commence à voler de ses propres ailes. S'il accompagne encore Miss Brevoort à la Wetterlücke, au Beichgratt, au Tschingelpass, c'est sans elle qu'il escalade la reine de l'Oberland, la Jungfrau que Miss Brevoort ne gravira qu'en 1871, mais alors par la face Nord, en compagnie de son neveu et de leur chien Tschingel; c'est sans elle que le jeune homme dirige contre le Mont Rose une première attaque, infructueuse, compensée, il est vrai, par des succès au Strahlhorn et à l'Adler Pass; c'est sans sa tante enfin qu'il fait une rapide randonnée vers l'Engadine, au cours de laquelle il réussit, coup sur coup, trois « premières » : le 26 et le 30 juillet, le Piz Badile et la Cima di Rosso, au Nord-Ouest du Monte della Disgrazia, et le 1er août, le Piz Michel, dans les Dolomites de Bergün [1]. La caravane éprouva sur ce dernier une périlleuse aventure qui faillit mettre fin pour toujours à la carrière alpine de Coolidge. Un bloc de rocher tomba sur la corde qui le reliait à son guide, François Dévouassoud, et tous deux furent entraînés jusqu'au bord du précipice, où ils purent heureusement s'arrêter à temps. Ils avaient le corps meurtri et les vêtements déchirés, mais la cime n'en fut pas moins atteinte une heure et demie plus tard. Dans la note relative à cette ascension, qu'il envoya à l'Alpine Club, le jeune grimpeur observait, avec une fierté bien naturelle à son âge, que le pic se dresse absolument perpendiculaire sur toutes ses faces, sauf du côté par lequel ils étaient montés [2].

Nous voici loin du joueur de croquet de 1865. Bien qu'il n'ait encore que dix-sept ans, Coolidge n'est déjà plus un novice; il a reçu le baptême du feu. En 1868, François Dévouassoud le quitte pour accompagner dans le Caucase l'expédition anglaise de Freshfield, Moore et Tucker [3], mais Almer se trouve juste à point pour remplacer dans sa caravane l'excellent guide de Chamonix. Almer, l'homme froid

[1] Ces deux districts étaient bien connus de François Dévouassoud, qui y avait accompagné l'année précédente, D. W. Freshfield et C. C. Tucker.

[2] *Alpine Journal* IV, 1868, p. 51. Cf. également D. W. Freshfield, *Swiss Dolomites.* (Ibid., V, p. 206) et G. Studer, *Ueber Eis und Schnee.* 2e édit., III. p. 347.

[3] Cette expédition réussit brillamment. Le Kasbek fut vaincu le 1er juillet et l'Elbrouz, le 31.

saut leur ardeur. Une autre cause encore produisait le même résultat. Le Cervin symbolisait la résistance victorieuse que la montagne oppose aux attaques de l'homme. C'était un drapeau, un emblème, un idéal. Pour venir à bout du noir donjon, du dernier des grands pics vierges, autour duquel flottait un renom d'inaccessibilité, les grimpeurs les plus hardis, accompagnés des meilleurs guides, avaient multiplié les assauts. Lui dompté, quel but proposer aux ambitions de leurs successeurs ? Le monde des Alpes parut vide et découronné. Travaillé en des sens contraires, incertain de la route à suivre, l'alpinisme traverse alors une véritable crise morale : il se demande s'il y a pour lui désormais une raison d'être, il doute de sa légitimité.

Peut-être n'était-il pas inutile de rappeler brièvement ces faits pour montrer dans quelle atmosphère peu favorable Coolidge fit ses débuts dans l'alpinisme. Il n'en est que plus remarquable de voir avec quel enthousiasme et quel zèle il se lança dans la voie ouverte par ses aînés, combien ses progrès y furent rapides, combien riche la moisson. Évidemment, son extrême jeunesse lui faisait envisager les choses sous un autre jour que ses prédécesseurs. Tout entier à l'attrait de la grimpade, il n'éprouvait pas le besoin de se justifier son plaisir, comme les dirigeants de l'Alpine Club soucieux de leurs responsabilités. Il y avait en lui assez de lumière et de chaleur, assez de vie surabondante et joyeuse, pour triompher de l'accablement dans lequel la catastrophe du Cervin jeta, un moment, les pionniers de l'alpinisme, et quant à l'épuisement prétendu des Alpes, lui-même allait se charger de démontrer qu'il provenait d'une erreur d'optique et qu'en élargissant le domaine superbe, mais un peu étroit, dans lequel s'étaient confinés jusque-là les explorateurs de la chaîne alpestre, on y trouverait « du pain sur la planche » pour plusieurs générations.

Le 23 juin 1870, la caravane Brevoort-Coolidge débarque à Saint-Michel-de-Maurienne, où finissait alors la voie ferrée de Chambéry à Turin. Suivant les traces de Whymper, elle franchit, le lendemain, le Col des Aiguilles d'Arves, gagne la Grave par le Col de Martignare, campe sur la rive droite du Glacier du Tabuchet et, le 28, du premier coup, parvient au sommet de la Meije Centrale. Mais là, profonde déception : le pic que l'on vient de gravir est nettement dominé, de quelques mètres, par le pic occidental, et l'arête qui court de l'un à l'autre, découpée en dents de scie, suspenduc entre deux abîmes, paraît si infranchissable, les flancs verticaux du Grand Pic semblent si vertigineux et si lisses, qu'Almer déclare, net, qu'il est impossible à aucun être humain d'en atteindre le sommet. Profondément désappointée, mais satisfaite quand même de la victoire qu'elle vient de remporter, — Almer n'a-t-il pas dit encore que les rochers de la Meije Centrale rappellent ceux du Cervin du côté italien, mais sans les cordes — la caravane redescendit à la Grave, dont les habitants avaient suivi, à la lunette, ses évolutions. Le 30, elle se rendit à Vallouise, d'où Coolidge fit, en moins d'une semaine (sa tante s'étant blessée au pied ne put l'accompagner), l'ascension des trois principales cimes de la région : les Écrins, l'Ailefroide, le Pelvoux. Il avait ainsi, et amplement, rempli le programme qu'il s'était tracé, mais surtout il quittait l'Oisans dans des dispositions bien différentes de celles qu'il y apportait en arrivant. Qui lui eût dit, un mois plus tôt, que cette première visite au Dauphiné serait suivie de beaucoup d'autres, n'aurait amené sur ses lèvres qu'un sourire d'incrédulité. Un pays connu par son manque de ressources, l'insuffisance de ses auberges, la saleté et la pauvreté des habitants ! un pays dont le *Guide Baÿ*, le bréviaire des touristes alpins en ce temps-là, assurait, dans ses premières éditions, qu'il n'en était pas, dans toute l'Europe, où les voyageurs fussent assurés de trouver si peu de confort ! On pouvait y faire une courte apparition, y passer une ou deux semaines, comme avaient fait Tuckett et Whymper, pour gravir les principaux pics, pour essayer de conquérir ceux qui restaient « unascended ». Ensuite, il n'y aurait plus qu'à plier bagage, à dire adieu, sans esprit de retour, à cette misérable terre, pour se rabattre sur des contrées plus civilisées. Et voici qu'au moment de quitter Vallouise (où Miss Brevoort en avait été réduite à vivre de noix dans un grenier), nos visiteurs se prenaient à la regretter, cette terre rude et désolée. Ils en avaient subi le charme étrange, si différent de tout ce qu'ils avaient contemplé jusque-là. Au-dessus des vallées étroites et tortueuses, âpres et nues, ils revoyaient l'armée des pics dressant fièrement dans l'air léger leurs têtes inviolées et farouches, ces pics dont les noms mêmes, quand ils en avaient, ne leur étaient pas connus, qui ne figuraient sur aucune carte, et dont la beauté s'accroissait de tout le mystère qu'ils recélaient dans leurs flancs. Quand on a vingt ans et le goût des aventures, comment ne pas entendre un pareil appel ! Coolidge comprit quel merveilleux champ de cimes vierges il y avait là à défricher. Dès ce moment il se promit de revenir, de se vouer à cette tâche dont l'intérêt, dont la grandeur frappèrent vivement son esprit. Il avait trouvé son chemin de Damas. Jamais révélation n'eut d'effets plus décisifs; nulle conversion ne fut plus brusque, plus complète, plus définitive.

Car la promesse qu'il s'était faite, qu'il devait renouveler, deux ans plus tard, au Col de la Temple, il l'a tenue avec une fidélité, une constance qui imposent l'admiration. De 1872 à 1891 (sauf en 1889 où il en fut empêché par des circonstances indépendantes de sa volonté), Coolidge n'a pas manqué, une seule année, de passer quelques semaines ou quelques jours sur la terre sauvage de l'Oisans. Pendant vingt ans, on l'a vu, infatigable chasseur de cimes, parcourir glaciers et moraines, à la recherche de son gibier. Toujours à l'affût de nouvelles conquêtes, il passait d'une vallée à l'autre, par-dessus les sommets ou les cols, recoupant ses itinéraires, fouillant la contrée jusque dans ses moindres recoins. Ses amis avaient fini par le railler d'une préférence qu'ils s'expliquaient mal. Lui se moquait des alpinistes pour qui les Alpes n'existent pas au Sud du Col de la Seigne. D'ailleurs, comme cela se produit souvent, plus il connaissait le pays, plus il se prenait à l'aimer. Dès 1876, il commence un récit de courses en déclarant qu'il n'a pu résister aux attraits, à son avis, inépuisables, des hautes Alpes du Dauphiné. En 1881, il nous parle de ces montagnes du Dauphiné qu'une connaissance de onze étés lui a fait «aimer avec une passion que les mots sont impuissants à rendre». Ailleurs, il se déclare Dauphinois «de cœur et d'adoption», faute de pouvoir l'être de naissance. Quand les cimes et les cols vierges commenceront à devenir rares, il se cherchera d'autres motifs pour revenir dans cet Oisans qui lui est «devenu si cher», repartira sur un nouveau pied, et en 1892, écrira cette phrase stupéfiante chez un homme qui en était à sa vingtième campagne, à sa deux cent cinquantième ascension dans le district : «Je suis encore très loin d'avoir épuisé cette région enchantée» [1].

Mais aussi, pour l'y attirer, pour l'y retenir, que de vieux amis il rencontrait parmi ces pics qu'il avait presque tous gravis. Et d'abord, ceux, en si grand nombre, sur lesquels il était arrivé

[1] *Ann. Soc. Touristes du Dauphiné*, 1876, p. 77; 1881, p. 85; 1886, p. 110; 1892, p. 178, 187-188.

le premier. Faut-il en donner la liste ? Oui, puisque les victoires de Coolidge valent surtout par leur répétition. En 1870, on l'a vu, la Meije Centrale et l'Ailefroide; en 1873, le Râteau, la Montagne des Agneaux, la Grande Ruine, le Mont Gioberney; en 1874, le Pic de la Grave, les Têtes du Replat; en 1875, la Pointe Marguerite, la Roche de la Muzelle: l'Aiguille des Arias en 1876, et l'année suivante la Cime du Vallon, le sommet Nord du Pic d'Olan, le Pic de la Grande Sagne, le Pic Coolidge, la Cime Ouest des Bœufs Rouges, la Cime de Clot Châtel, le Sirac et le Rochail; en 1878, l'Aiguille de l'Épaisseur, l'Aiguille Méridionale d'Arves, les Bans, les Têtes de la Pilatte; en 1879, la Tête des Fétoules, le Pavé, la Pointe Sud des Pics du Says; en 1880, le Pic Ouest de Dormillouse, le Flambeau des Écrins, la Pointe de la Mariande; en 1881, le Fifre, la Pointe du Sélé, l'Aiguille Rousse; en 1883, l'Aiguille d'Entre-Pierroux; en 1886, le Pic du Clapier du Peyron; en 1887, la Tête de Vautisse, les Jumeaux de Chaillol, le Pic des Prés les Fonds, le Mont Savoyat, la Cime du Grand Sauvage; en 1890, la Pointe de Claphouse; en 1891, la Tête Nord de la Somme. Et puis la longue liste des cols : Brèche du Râteau, Col des Chamois, Col de la Grande Ruine, Col de la Casse Déserte, Col des Avalanches, Col de Clot Châtel, Col des Sellettes, Col d'Entre-Pierrroux, Col des Arias, Col de la Mariande, Col du Vallon de l'Enchâtra, Col des Bouchiers, Col du Loup du Val Champoléon, Col de Verdonne, Col de Rognons, Col de Parières, Col de Mancros, Brèche des Grandes Rousses, Col du Grand Sablat.

Quand il n'est pas le premier sur une cime, Coolidge arrive souvent le second. Ainsi, au Grand Pic de la Meije, à la Meije Orientale, au Pic Gaspard, à la Pointe des Arcas, où il suit son ami Gardiner à sept jours de distance, à la Pointe du Vallon des Étages, aux Rouies, au Pic de Verdonne, à la Tête du Roujet, à la Pointe de l'Aiglière, à la face Sud des Écrins, qu'il escalade en 1881 pour redescendre par la face Nord, réussissant ainsi le premier une course appelée à devenir classique, l'une des plus belles, des plus variées que l'on puisse entreprendre en Oisans. Sur d'autres montagnes, il crée des itinéraires nouveaux : à la Roche Faurio, au Pelvoux, au Pic des Aupillous, à la Tête de la Gandolière, à la Tête de l'Auranoure, à l'Étendard, au Pic Bayle, à la Roche du Grand Galibier. Quel commentaire ajouter à cette liste ? N'est-elle pas suffisamment éloquente par elle-même ? Lequel, parmi les concurrents de Coolidge, aurait pu lui opposer un bulletin de victoires qui approchât, même de loin, de cette splendide énumération ?

Ces concurrents étaient pourtant nombreux et entreprenants, et quelques-uns comptaient parmi les meilleurs grimpeurs de l'époque. Mais la plupart étaient attirés par l'ambition de vaincre la Meije, et quand l'orgueil de la fière montagne se fut abaissé devant la jeune audace de CASTELNAU, Anglais et Français, qui s'étaient abattus sur le pays comme un vol d'hirondelles, disparurent presque aussi vite qu'ils étaient venus. Seul COOLIDGE continuera, obstinément fidèle à son programme, la tâche qu'il s'était assignée. Si l'Oisans est le plus beau fleuron de sa couronne, il le doit, avant tout, à cette infatigable persévérance. Aucun nom, plus que le sien, ne méritait d'être associé à celui d'une région qu'il a tant contribué à faire connaître, dont il a aimé, plus que quiconque, la grandiose sauvagerie. Aussi, quand, dès 1879, ce nom apparut sur la carte de Paul GUILLE-MIN[1], inscrit à côté du beau pic qui domine le Col de la Temple, au centre même de l'assemblée des cimes de l'Oisans[2], l'assentiment fut général ; nulle voix discordante ne s'éleva pour protester. Tant était grande la notoriété dont COOLIDGE jouissait. déjà à cette époque parmi les alpinistes, tellement sa supériorité était reconnue par les meilleurs des grimpeurs français. Et pourtant il venait seulement d'atteindre sa vingt-neuvième année, il n'en était qu'à sa huitième campagne en Oisans. Vingt ans encore allaient s'écouler, pendant lesquels il multiplierait dans les Alpes ses expéditions, entassant courses sur courses, escalades sur ascensions, Pélion sur Ossa.

[1] Cette carte était une mise à jour, avec échelle réduite de moitié, de la reproduction des minutes de l'État-Major Français, au 40.000ᵉ, que le capitaine PRUDENT avait publiée en 1874 pour le compte du Club Alpin Français.

[2] Cette pointe portait auparavant le nom banal et trop répandu en Oisans de Cime du Vallon. Dans le même massif, la Cime Nord du Pic d'Olan est appelée également Cime Coolidge. Dans les Alpes Maritimes, le nom de Colletto Coolidge a été donné (en 1898) à la brèche ouverte entre le Mont Stella et la Pointe du Gelas de Lourousa. Le couloir de neige qui y aboutit (couloir de Lourousa) a été aussi désigné quelquefois sous le nom du grand alpiniste qui l'utilisa, le 18 août 1879, dans son ascension aux cimes voisines. D'autres couloirs Coolidge existent au Pelvoux (face S.-O.) et au Viso (face N.-E.). Enfin le nom de COOLIDGE a été attribué, mais une seule fois (*Ann. Soc. Touristes du Dauphiné*, 1910, p. 137), à la pointe Sud de l'Aiguille du Péclet, gravie par le célèbre alpiniste le 12 août 1878. Cette initiative n'est pas à approuver, les dénominations d'ordre topographique étant, en principe, préférables.

Le suivre dans les districts qu'il a visités, c'est passer en revue les deux tiers de la chaîne des Alpes, de la Méditerranée à la Piave. Presque partout, dans ces limites, on constate son passage, on retrouve sa trace et son souvenir. Sur la Punta dell'Argentera, le point culminant des Alpes Maritimes, où il parvient, le 18 août 1879, sans même soupçonner qu'il foule un sol vierge de pas humains. Dans les montagnes de l'Ubaye, c'est encore lui qui est le premier sur l'Aiguille de Chambeyron, la Pointe Haute de Mary (1879), la Pointe des Houerts, la Pointe des Henvières, le Panestrel, le Pic du Pelvat (1881), le Péou Roc (1888), sans qu'il néglige pour cela la Pointe de la Font Sancte (2° ascension), le Brec de Chambeyron (2ᵉ ascension), la Tête des Toillies, le Grand Rubren, etc.

Au Viso, il inaugure une nouvelle route sur les flancs de la pyramide colossale (1881), après avoir refait, en 4 heures 10, depuis les lacs de Vallante, — bénéficiant, il est vrai, de conditions exceptionnellement favorables, — l'ascension fameuse de GUILLEMIN et de SALVADOR DE QUATREFAGES, qui leur avait coûté trois ans d'efforts et quatre échecs successifs. Dans le même groupe, le satellite du Viso, le Visoletto, reçoit aussi sa visite; franchissant les 200 mètres d'arête qui séparent le sommet oriental de la pointe occidentale, il gravit, le premier cette dernière, la plus élevée, le 31 juillet 1881.

Sur les confins de la Savoie et du Dauphiné, en Maurienne, en Tarentaise, où les grimpeurs anglais de «l'âge d'or», MATHEWS, NICHOLS, BLANFORD, ROWSELL, CUTHBERT, les alpinistes français et italiens ont laissé peu de choses à glaner, COOLIDGE s'adjuge du moins tout ce qui lui semble encore digne d'intérêt : l'Aiguille Septentrionale d'Arves (Corne Nord) et le Pic du Thabor en 1878; deux des Aiguilles de la Saussaz et la Pointe de l'Argentière en 1880 et 1883: l'Ouille de la Gura, la Pointe Nord de la Piatou et la Pointe Francesetti en 1884; la Pointe Nord-Ouest de la Glière en 1887; la Pointe de Bazel ou Cime de Quart-Dessus, l'Aiguille du Glacier ou Becca di Suessa en 1889; les Rochers de Pierre Pointe, la Corne des Blanchets en 1890; l'Aiguille Noire, la Pointe des Cerces, le Dôme de Val d'Isère en 1891. Il franchit, le premier, plusieurs cols glaciaires : Col Rénod, Col de Gébroulaz, Col du Bouchet, Col Sud de Bassac-Déré, Col de Bassagne, Col de Véfret, Col de Péclet. Il ouvre de nouvelles routes d'ascension au Mont Thuria (1874), au Charbonel (1876), aux Aiguilles de Péclet et de Polset, au Mont Pourri, à la Tsanteleina, à la Pointe de la Traversière, à la Grande Sassière

(1878), à la Rognosa d'Étiache, à la Croce Rossa, à l'Ouille
d'Arbéron, aux Levanna Centrale et Orientale (1883), à la Pointe
de Ronce, à celle de Solliet, au Dôme de Polset, au Dôme de la
Sache (1884), à la Pointe de Bonneval (1885), au Signal de l'Iseran,
à l'Ormelune (1886), à la Grande Aiguille Rousse (1887 et 1889);
à la Pointe du Ribon, à la Pointe de Calabre, à la Grande Motte
(1889).

Il connaissait assez le massif du Grand Paradis pour avoir rédigé,
en collaboration avec G. YELD, le volume relatif aux montagnes
de Cogne dans la collection des *Climbers' Guides*. Sa part personnelle
dans l'exploration de la région, consiste en sept premières ascensions : la Tête de la Tribulation en 1885, la Becca di Noaschetta,
la Cresta Gastaldi et la Pointe Noire de la Grivola en 1888, la Pointe
Sud du Breuil et la Pointe Crevasse en 1889, la Pointe des Laures
(groupe du Mont Emilius) en 1891; trois cols : Colle di Forzo,
Col de Valnontey, Col de la Lune, et une dizaine d'itinéraires nouveaux [1]. La plupart de ces courses, du reste, furent faites en compagnie de G. YELD et de F. GARDINER.

Le massif du Mont Blanc, qu'il goûtait peu, lui était moins familier
que le précédent et il cessa de le fréquenter à partir de 1876.
Il avait pu cependant l'admirer antérieurement sous tous ses aspects,
comme le montre la répartition de ses courses dans cette partie
de la chaîne : Col du Mont Tondu, Col de Béranger (1ʳᵉ traversée),
Dôme et Col de Miage, Aiguille et Dôme du Goûter, Mont Blanc,
Col du Géant, Grandes Jorasses, Col de Talèfre, Col de Triolet,
2ᵉ ascension de l'Aiguille de Blaitière (Sommet Central et Sommet
Nord), 1ʳᵉ ascension du sommet Ouest des Droites, Aiguille Verte,
Aiguille des Grands Montets, Col d'Argentière et Col du Tour.
De toutes ces expéditions, la plus importante, la plus risquée,
une des sept ou huit courses qui, dans les Alpes, sont absolument
hors pair, fut l'ascension du Mont Blanc par le Glacier de la Brenva,
qu'il réussit, le 15 juillet 1870, cinq ans, jour pour jour, après
MOORE et WALKER, au retour de son premier voyage en Oisans.

Il nous faut passer rapidement sur ce qui concerne la Suisse,
autrement cette recension serait interminable. Bornons-nous à citer
les cimes dont COOLIDGE fut le premier vainqueur. Dans l'Oberland

---

[1] Pour ceux-ci, voir A. FERRARI, *Statistica delle prime ascensioni nel gruppo del
Gran Paradiso* (*Bollettino del Club Alpino Italiano*, XXXIX, 1908, p. 109-155).

Bernois, en 1871, le Rothorn des Fusshörner (avec Miss BREVOORT
et S. P. COCKERELL); en 1872, l'Unterbächhorn (avec Miss BREVOORT
et le Rév. FAIRBANKS), et l'Agassizhorn; le Geisshorn (Sattelhorn de
la carte Siegfried) en 1880, avec le guide Anton WALDEN, de Naters;
en 1886, le Hühnerstock, avec F. GARDINER, une des escalades les
plus difficiles que ces deux alpinistes aient faites. Dans la chaîne
de Tourtemagne, le Stellihorn (1890), avec Sir Martin CONWAY.
Dans les Alpes Lépontiennes, le Wasenhorn, avec CONWAY (1890),
le Blindenhorn, l'Hüllehorn (1891) et le Güschihorn (1892);
dans le groupe du Löchliberg (Dolomites de Splügen), le Weisshorn
et l'Alperschellihorn (1893); enfin les cimes gravies dès 1868 :
Cima di Rosso, Piz Badile et Piz Michel. Comme itinéraires nouveaux,
dans l'Oberland Bernois, l'Eiger par l'arête Sud-Ouest (1871),
avec Miss BREVOORT, le Gwächtenhorn, de la Tierbergglimmi (1889),
l'Aletschhorn par l'arête Ouest (1894), avec W. LARDEN; dans les
Alpes Pennines, l'Alphubel par l'arête Nord (1876), avec GARDINER,
CORBETT et WETHERED, l'Allalinhorn par la face Ouest (1876); la
Zumsteinspitze par l'arête Nord (1886), avec CONWAY; le Laquin-
horn par l'arête Nord (1887), le même jour que le Rév. George
BROKE; plus un assez grand nombre de voies d'accès ouvertes à des
sommets secondaires, dans les Alpes Lépontiennes, les Dolomites
de Splügen, le massif de l'Adula, le Val d'Avers, le groupe de la
Silvretta.

En dehors de ces premières ascensions, presque toutes les grandes
cimes de la Suisse avaient été gravies par COOLIDGE par les routes
ordinaires. Le nombre de celles qui, pour un motif ou pour un autre,
lui ont échappé, ne dépasse pas une quinzaine dans l'Oberland
Bernois et le Valais. On est surpris, par contre, de relever parmi
les lacunes de son incomparable expérience alpine le groupe entier
du Piz Bernina, qu'il a côtoyé de près à diverses reprises, mais sans
jamais y pénétrer. A mesure que les Alpes Occidentales lui étaient
mieux connues, COOLIDGE étendait de plus en plus vers l'Est le champ
de ses investigations. De 1891 à 1893, il fit de nombreuses ascensions entre le Simplon et le Gothard, dans la région des sources
du Rhin, du Lukmanier, de Splügen. Le superbe massif du Tödi,
où il retrouvait le souvenir d'un des ancêtres de l'alpinisme, le
Père PLACIDUS A SPESCHA, l'occupa de 1893 à 1895, mais c'est prin-
cipalement aux groupes de l'Albula, de la Silvretta et du Rhätikon
que furent consacrées ces années qui comptent parmi les mieux

remplies de sa vie alpine. Par contre, en 1896, son activité physique subit un sérieux ralentissement. Déjà souffrant de l'affection rhumatismale qui, quatre ans plus tard, l'obligera de renoncer aux excursions alpestres, il ne fit guère que passer des cols, gravir de faciles belvédères, le Schönenbühl, au-dessus de Guttannen, le Kaiseregg, dans les Alpes Fribourgeoises. Il essaie cependant de retourner, pour la troisième fois, aux Diablerets, échoue, mais est plus heureux à la Dent de Morcles et au Grand Muveran. 1897 le trouve de nouveau dans le Nord-Est de la Suisse, au Säntis, au Kurfursten, qu'il a déjà visités en 1895; il parcourt aussi les montagnes entre la Bernina et le Stelvio, monte à la Cima di Piazzi, rarement visitée depuis WEILENMANN, qui en fit la première ascension en 1867, au Piz Umbrail, à la Cima Viola, à la Cima di Saoseo, où PURTSCHELLER et BLODIG l'ont précédé trois ans auparavant. Il s'était ainsi rapproché du groupe majestueux de l'Ortler, dont l'ascension, en 1898, peut être considérée comme marquant le couronnement de sa carrière. Bien qu'il ait fait encore quelques excursions l'année suivante et même en 1900, il ne devait plus revenir dans les Alpes autrichiennes. Mais, en 1876, il avait pris un rapide contact avec le groupe de l'Adamello, et dans un voyage de quinze jours à travers les Dolomites, escaladé quelques-uns des pics les plus renommés de la région : le Cimone della Pala [1], la Marmolada, l'Antelao, le Pelmo. Ces derniers, qui se font face au débouché du Val d'Ampezzo, sont les cimes les plus orientales qu'il ait gravies.

II.

Contrairement à ce qui a été dit et répété, avant et depuis sa mort, COOLIDGE ne connaissait donc pas les Alpes dans leur intégralité, « from end to end ». L'expérience personnelle qu'il en avait ne dépassait pas, au Nord, l'Arlberg, au Sud, la coupure de l'Adige, sauf dans la région comprise entre Pieve di Cadore et Botzen [2]. On s'éton-

---

[1] Troisième ascension, la première par E. R. WHITWELL, le 3 juin 1870.

[2] Même dans les Alpes Occidentales, une grande partie de la zone de bordure lui est restée étrangère, notamment toutes les Préalpes savoisiennes. Il a négligé également les petits massifs de la zone cristalline axiale, entre le Mont Blanc et les Sept-Laux. Dans la région des lacs italiens, il n'a gravi que le Sasso di

nera sans doute qu'un homme qui avait fait de l'étude de la chaîne
alpestre la grande affaire de sa vie, qui ne s'en laissa jamais détourner
par d'autres préoccupations, en ait laissé une partie si importante
en dehors de ses investigations. Faut-il croire qu'il partageait
l'indifférence ou même le dédain que les alpinistes d'Outre-Manche,
à de rares exceptions près, semblent toujours avoir ressenti pour
les Alpes Orientales, les Dolomites exceptées ? Rien ne permet de
le supposer. Nous savons, au contraire, qu'à la suite de son voyage
de 1876, il se demanda, pendant quelque temps, s'il marcherait
sur les traces de son maître Tuckett dans les Alpes Orientales ou
dans les Alpes Occidentales [1]. A la fin, le second parti l'emporta,
et les Alpes françaises absorbèrent si bien son activité qu'il ne put
jamais donner suite au projet qu'il avait formé de revenir dans les
Dolomites, malgré le désir qu'il en avait. *Ars longa, vita brevis.* En
réalité, Coolidge a poussé si loin l'exploration de certains districts,
rendue nécessaire d'ailleurs par la préparation des *Climbers' Guides*
dont il avait assumé la rédaction, que l'heure de la retraite a sonné
pour lui avant qu'il ait pu accorder aux Alpes autrichiennes l'attention qu'il leur aurait très probablement donnée si sa carrière s'était
prolongée quelques années de plus.

Il faut ajouter que, par goût personnel, il retournait fréquemment
aux mêmes massifs, aux mêmes cimes, bien différent en cela de
Tuckett, dont il prétendait pourtant suivre l'exemple. L'une des
particularités de l'existence alpine de Coolidge, c'est précisément
ce perpétuel « revenez-y » qui lui faisait recommencer une ou plusieurs fois des ascensions déjà réussies. Il a gravi ainsi deux fois
chacune des trois Aiguilles d'Arves, deux fois les Écrins, deux fois
le Sirac, la Montagne des Agneaux, le Pic Coolidge, le Pic d'Olan,
le Pic de Neige Cordier, le Râteau, le Pic de la Grave, le Pic des
Trois Évêchés, le Bric Froid : il est monté trois fois sur le Viso,
le Pelvoux, la Grande Ruine, le Sommet Nord des Grandes Rousses,
quatre fois sur le Sommet Sud et sur les Rouies. En Savoie, le Rocher
Badon, le Dôme de Chasseforêt, la Grande Casse, la Grande Motte,
la Roche Melon, l'Albaron, la Levanna Centrale, la Grande Aiguille

Ferro. A vrai dire, Coolidge ne s'attardait qu'à regret au-dessous de la limite
des neiges, « below the Snow Line ». Les Alpes étaient essentiellement pour lui
les Hautes Alpes, le royaume des neiges éternelles, avec lequel, dans un de ses
livres, il les identifie.

[1] *A Run through the Tyrolese Dolomites in 1876* (*Alpine Studies*, p. 166).

Rousse, la Pointe de la Galise, la Tsanteleina, la Grande Sassière, la Pointe des Plates des Chamois, le Dôme de la Sache, le Buet ont reçu deux fois sa visite, le Mont Pourri, le sommet du Mont Blanc trois fois. Trois fois également le Grand Paradis, deux fois la Tour du Grand Saint-Pierre, la Punta Nera, la Granta Parei, et dans les Alpes Valaisannes, le Grand Combin, la Dent Blanche, le Cervin, le Weisshorn et le Mont Rose. Dans les Alpes Bernoises, on relève deux ascensions au Schreckhorn, aux Viescherhörner, au Finster-aarhorn, au Schilthorn, au Rosenhorn, au Balmhorn, etc., trois à l'Eiger, au Beichgrat, quatre au Wetterhorn, à la Jungfrau, à l'Aletschhorn. Même dans les massifs secondaires de la Suisse, on retrouve cette note caractéristique. Par exemple, Coolidge a gravi deux fois le Tödi, le Monte Leone, le Blindenhorn, le Cherbadung, le Weissberg, le Piz Platta, la Scesaplana, le Kurfursten, le Säntis, trois fois l'Ofenhorn, l'Hüllehorn, le Basodino, le Piz Tumbif. Et, bien entendu, revenant en 1895 dans le groupe de l'Albula, il n'a pas manqué d'aller déposer sa carte sur le rébarbatif Piz Michel, politesse bien due pour l'accueil mouvementé que ce pic lui avait fait vingt-huit ans auparavant.

Cette kyrielle de noms étourdit. Une fois de plus on peut se rendre compte, d'après elle, de l'activité extraordinaire que l'infatigable grimpeur a déployée pendant les trente-six ans de sa vie active. Le résultat ? Qui ne le connaît ? Ce sont les 1.200 cimes et cols qu'il avait gravis ou traversés, les 1.700 courses de toute espèce, parmi lesquelles environ 900 constituent des ascensions réellement impor-tantes, dont lui-même avait pris soin d'établir le relevé dans une petite brochure qu'il fit imprimer en 1900 à un nombre d'exemplaires extrêmement restreint [1]. Aucun alpiniste ne pouvait mettre en regard des chiffres aussi imposants [2]. Coolidge, constatait en 1898

---

[1]. *Climbs in the Alps 1865 to 1900.* 1re édition, 1900, 100 exemplaires; 2e édi-tion, 50 exemplaires. Voir aussi A. L. Mumm, *The Alpine Club Register*, II, *1864-1876*, London, 1925.

[2] Celui qui venait immédiatement après lui pour le nombre des courses de montagnes était Ludwig Purtscheller (Coolidge, *The Alps in Nature and History*. p. 243). Voir la liste de ses ascensions, de 1869 à 1899, dans *Ueber Fels und Firn. Bergfahrten von* L. Purtscheller, *herausgegeben von* H. Hess. München, 1901. Frederick Gardiner, qui détenait le record du nombre des ascensions parmi les alpinistes anglais, en comptait environ 1200 de tout ordre (*The Alpine Career*, p. 5), Tuckett, exactement 956.

un de ses collègues de l'Alpine Club, H. B. George [1], est absolument
sans rival pour le nombre et la variété des grandes expéditions
alpines. C'est à cette qualité de recordman, si impressionnante pour
les foules anglo-saxonnes, qu'il devait sa célébrité de l'autre côté
du Détroit. On voyait en lui, surtout depuis la mort de Whymper,
le plus grand montagnard du temps actuel, «the greatest living
mountaineer».

Les jugements des foules sont simplistes et il est rare qu'on puisse
les accepter sans aucune réserve. Coolidge était certainement, de tous
les grimpeurs, celui qui avait accompli, dans les Alpes, l'œuvre la plus
considérable pendant le dernier tiers du XIXᵉ siècle; mais il convient
de remarquer qu'il ne s'était jamais écarté de ces montagnes, sauf
pour de rares excursions dans le Jura. Il a été uniquement, exclusivement l'homme des Alpes. Or, si méritoire que soit l'exploration
systématique de la chaîne alpestre, à laquelle il s'est voué pendant
tant d'années, le cadre dans lequel il s'est enfermé volontairement [2],

---

[1] *Alpine Journal*, XIX, p. 202.

[2] J'emploie le mot : volontairement, bien que certain propos de Coolidge,
rapporté par le colonel R. Godefroy (*Revue Alpine*, 1926, p. 134-135), puisse
faire supposer le contraire. Il est certain que le grand alpiniste tenait à ne pas
se séparer d'Almer père, dans lequel il avait une confiance absolue; or Almer,
pour des raisons de famille, refusa toujours de participer à des expéditions
lointaines, surtout à celles qui comportaient un parcours sur mer. Cet état d'esprit
était général dans la vallée de Grindelwald. Le motif donné par Coolidge pour
expliquer son abstention n'a donc rien d'invraisemblable; mais si le désir
de connaître d'autres montagnes que les Alpes l'a effleuré dans sa jeunesse,
ce désir n'avait pas de fortes racines. En réalité peu d'hommes ont été plus stric-
tement alpins que Coolidge. Spécialiste admirable de la grande chaîne européenne,
il en vint à s'y intéresser exclusivement. Il considérait comme du temps perdu
le temps passé en dehors d'elle; c'eût été manquer à la tâche qu'il s'était assignée
et qu'il élevait à la hauteur d'un devoir. Ainsi s'explique que, durant toute sa
carrière, Coolidge n'ait pas fait une seule infidélité à ses chères Alpes, bien qu'il
lui eût été facile de visiter d'autres régions montagneuses de l'Europe, sans se
heurter à l'opposition qu'il prétend avoir rencontrée, pour les chaines de montagnes extra-européennes, du côté de la famille d'Almer. Son unique fugue fut
une excursion de quelques jours, en janvier 1885, aux lacs anglais. En octobre
1894, invité par Gardiner et sa femme à les accompagner dans un voyage à
Corfou, il accepta tout d'abord, mais, au dernier moment, l'amour des Alpes
fut le plus fort et il laissa partir seuls ses excellents amis. Qu'aurait-il été chercher
d'ailleurs sous d'autres cieux, dans d'autres contrées, puisqu'il déclare dans
un de ses livres (*Simler*, p. CLXIII) que «les Alpes sont incontestablement la
plus belle région de la terre»?

paraîtra quelque peu étroit en comparaison de la variété d'expériences qu'ont pu faire, sur des montagnes appartenant aux contrées les plus différentes du globe, un Pertscheller, un Conway, un Freshfield, pour ne citer que quelques noms choisis parmi les plus grands.

D'autre part, Coolidge a été, dans les Alpes, un des représentants les mieux qualifiés de la vieille orthodoxie, c'est-à-dire d'une école dont la gloire, solide et durable, a cependant quelque peu pâli devant l'éclat de prouesses sportives que l'on n'aurait jamais cru possibles à l'époque où il fit ses débuts dans l'alpinisme. Mais déjà, dix ans plus tard, les tendances révolutionnaires commençaient à se manifester au grand jour. Elle date de 1876, la fameuse ascension de Cust, Colgrove et Cawood au Cervin, ascension qui fit scandale, parce que les trois participants avaient osé s'attaquer, sans le secours de professionnels, à la montagne que l'on regardait alors comme la plus redoutable des Alpes[1]. En 1879, ce fut bien mieux. Les frères Pilkington et Gardiner parvinrent sans guide au sommet de la Meije. Cet exploit à peine croyable, exécuté avec une audace et une maestria admirables pour ce temps-là, frappa les milieux alpins d'étonnement. Dans les discussions qui eurent lieu à l'Alpine Club au sujet de ces deux ascensions, Coolidge prit plusieurs fois la parole, et bien que les procès-verbaux qui ont été publiés ne fassent pas connaître son opinion, on doit croire qu'avec la majorité conservatrice de l'assemblée, il se montra peu favorable à cette innovation. De fait, il n'a jamais dissimulé, par la suite, ce qu'il pensait des courses sans guides, qu'il considérait comme peu recommandables pour la très grande majorité des grimpeurs, tout en admettant au bénéfice de circonstances atténuantes certaines individualités exceptionnelles.

Il faut croire que lui-même ne se rangeait pas dans cette classe privilégiée, ou, peut-être, conséquent jusqu'au bout avec ses principes, craignait-il d'encourager par son exemple une pratique dont il ne méconnaissait pas les avantages, mais qu'en raison du manque d'expérience et de l'entraînement insuffisant de la généralité des

---

[1] C'est là, en effet, la vraie raison, car, en 1876, l'alpinisme sans guides n'était pas une nouveauté. Il avait déjà atteint l'âge de la majorité; il avait derrière lui toute une histoire heureuse et malheureuse, glorieuse ou tragique, à laquelle sont associés les noms de Hudson et de Kennedy, de John Ball, du grand alpiniste suisse J. J. Weilenmann, de Morshead, des frères Parker, des frères Young, du Rév. A. G. Girdlestone, de J. Stogdon et de A. Fairbanks, qui, avec des fortunes diverses, en ont été les héros.

alpinistes, il regardait comme étant au-dessus des aptitudes de la plupart d'entre eux. Toujours est-il qu'en ce qui le concerne, sauf pour quelques excursions ou ascensions extrèmement faciles, il a toujours eu, à ses côtés, dans la montagne, un guide de métier. Whymper, dont les idées, sur ce point, étaient encore plus conformes à la stricte orthodoxie que celles de Coolidge, n'hésitait pas, cependant, à partir seul, passant la nuit, sous sa tente, au Col du Lion, montant jusqu'à plus de 4.000 mètres pour reconnaître la voie d'accès qu'il pensait devoir le conduire sur la cime qu'il convoitait. Mais Whymper n'agissait ainsi qu'aiguillonné par les obstacles, dans le désarroi où l'avait laissé l'abandon de ses guides, poussé par l'indomptable volonté qu'il avait de conquérir, malgré tout, l'orgueilleuse montagne dont la pointe sauvage et acérée l'avait, comme un dard, mordu au cœur.

Non moins résolus se montrèrent D. W. Freshfield et C. C. Tucker, le 5 septembre 1872, quand, abandonnés par leur guide sur le petit glacier de Travignolo, ils persistèrent cependant et parvinrent au sommet de la Cima della Vezzana, que nul n'avait encore atteint [1]. Coolidge ne s'est jamais trouvé dans une situation aussi critique. Les hommes qu'il sut attacher à ses pas comptaient parmi les meilleurs de leur profession. Formé de bonne heure à leur école, il leur dut non seulement le succès remarquable de la plupart de ses entreprises, mais, dans une large mesure, la façon même dont il pratiqua le sport alpin. Une association de dix-sept ans avec un guide suppose une certaine communauté de goûts et d'idées. Coolidge était un tout jeune homme quand il commença de marcher avec Almer, et s'il ne comprit pas immédiatement peut-être l'extraordinaire valeur de l'homme que la chance avait placé à ses côtés, l'influence du maître sur l'élève n'en fut pas moins profonde et durable. Plus tard, il ne manquera pas une occasion d'exalter son vieux compagnon de courses pour lequel il avait une véritable vénération. Almer demeurera toujours pour lui « le meilleur guide de tous les temps »; c'est en songeant

---

[1] C. C. Tucker, *The Cima della Vezzana* (*Alpine Journal*, VI, p. 97; VII, p. 57-65), Cette ascension ne manqua pas de porter ombrage aux doctrinaires de l'alpinisme classique et Freshfield dut, pour se défendre, arguer du cas de force majeure (séance de l'Alpine Club, 3 juin 1873. *Alpine Journal*, VI, p. 256). Il aurait pu invoquer l'exemple de John Ball, abandonnant au Pelmo son guide terrifié et poursuivant seul, comme jadis le Père Placidus au Piz Terri, son aventureuse escalade.

à lui qu'il trace le portrait du guide idéal que l'on trouve dans *The Alps in Nature and History*. L'amitié qui les unissait restera célèbre dans l'histoire de l'alpinisme moderne, comme celle de Leslie STEPHEN et de Melchior ANDEREGG, de Douglas W. FRESHFIELD et de François DÉVOUASSOUD.

Un jour vint cependant où le père ALMER, qu'une tentative d'ascension à la Jungfrau, en janvier 1885, avait durement éprouvé, se trouva hors d'état d'accompagner son touriste, encore dans toute la force de l'âge, dans les randonnées très fatigantes que celui-ci faisait, chaque été, pendant deux ou trois mois, dans les Alpes[1]. COOLIDGE eut dès lors pour guide le second fils d'ALMER, Christian, qui à l'âge de seize ans avait commencé à marcher avec son père. «Nous convînmes, dit COOLIDGE, de ne jamais essayer une escalade qui fût au-dessus de nos forces, tout seuls comme nous étions, et grâce à la prudence et à l'habileté de mon jeune camarade, aussi bien qu'au temps superbe de la saison de 1885, nous pûmes ne pas faire moins de cinquante ascensions sérieuses (sans compter bien des cols faciles) entre le 18 juin et le 18 septembre[2].»

On reconnaît là l'influence des conseils du vieil ALMER. Ne rien faire qui soit au-dessus de ses forces, combien de débutants ont payé de leur vie l'oubli de cette règle d'élémentaire prudence! COOLIDGE, qui jugeait sans ménagements les alpinistes victimes de leur légèreté et de leur imprévoyance, qui, froidement, implacablement, a tiré

---

[1] Cet arrêt dans la carrière d'ALMER ne fut que momentané et, au grand étonnement de tous, il recommença à gravir les montagnes pour lesquelles il avait une véritable passion, cette passion sans laquelle, comme l'observe avec raison Guido REY, «il n'est pas de bon guide». On sait comment il célébra ses noces d'or en conduisant au sommet du Wetterhorn, le 21 juin 1896, sa femme âgée de 72 ans et qui n'avait jamais fait d'ascension. Lui-même en avait 70, et il escaladait, la même année, la Jungfrau et la Meije. Dans ces conditions, il n'est pas étonnant que sa séparation d'avec COOLIDGE ait donné lieu à des interprétations tendancieuses. Lorsqu'il publia en fac-similé le livret du célèbre guide (*A Facsimile of Christian Almer's Führerbuch, 1856-1894*. London, 1896), CUNNINGHAM prétendit qu'ALMER avait été retenu prisonnier par COOLIDGE en Dauphiné pendant la plus grande partie de leur association et qu'il avait saisi la première occasion pour cesser ses explorations dans ce district et revenir à son cher Oberland. COOLIDGE dut remettre les choses au point dans une lettre adressée à l'*Alpine Journal*, vol. XVIII, p. 43-45. Voir aussi la critique faite par D. W. FRESHFIELD de la publication de CUNNINGHAM, *ibidem*, p. 62-64.

[2] *Annuaire de la Société des Touristes du Dauphiné*, 1885, p. 99.

les leçons que comportait la fin tragique d'Emil Zsigmondy à la Meije[1], s'est toujours attaché personnellement à ne rien entreprendre, en montagne, qui prêtât le flanc à de semblables critiques. La façon dont il pratiquait l'alpinisme a quelque chose de sage, de pondéré, de prudent. Même quand il se lance dans une expédition plus délicate, plus risquée, il ne le fait pas sans avoir reconnu préalablement la position, préparé son plan d'attaque, poussé des reconnaissances qui se prolongent parfois pendant des années; mais, somme toute, ces expéditions sont assez rares. Bien différent de Mummery, Coolidge ne croyait pas qu'une atmosphère de danger fût celle où le grimpeur doit nécessairement évoluer. Il ne recherchait pas la difficulté pour elle-même, de préférence ou à l'exclusion de tout autre genre d'émotion. Dans la série des termes qui composent le bilan d'une ascension, il n'a pas modifié l'échelle des valeurs, telle que la concevaient les premiers pionniers de l'alpinisme. La cime, atteinte par la voie la plus pratique, la plus normale, et non pas telle paroi particulièrement abrupte, telle arête particulièrement découpée et tranchante, reste, à ses yeux, l'objectif principal. On s'explique, dans ces conditions, qu'il n'ait sacrifié que modérément à la mode des courses nouvelles, partout où il existait déjà des voies d'ascension connues. C'est par les chemins classiques, on l'a vu, qu'il a gravi la plupart des grandes cimes de la Suisse; bien rarement, en un temps où les facilités d'en créer étaient cependant incomparablement plus grandes qu'aujourd'hui, il a ouvert sur leurs flancs des itinéraires inédits. A plus forte raison, ne s'égare-t-il pas sur ces routes peu recommandables où le grimpeur doit s'en remettre à sa chance, le Col du Lion, par exemple, ou le versant oriental du Mont Rose; il estimait que, dans ce cas, le jeu n'en vaut pas la chandelle. Une seule fois peut-être, dans l'ascension du Mont Blanc par le Glacier de la Brenva, il s'est exposé sciemment à des risques de ce genre; mais il avait à peine vingt ans, il était entièrement sous l'influence d'Almer, et Almer, par amour-propre professionnel, devait tenir beaucoup à réussir une expédition qui constituait l'un des plus beaux titres de gloire des célèbres guides de Meiringen, Melchior et Jakob Anderegg.

Par contre, ce qu'il y a de nouveau chez Coolidge, c'est une certaine façon plus large et plus ample de pratiquer l'alpinisme, en combinant l'ascension de plusieurs sommets au cours d'une expédition compor-

[1] Alpine Journal, XII, p. 404-405 : *The accident of the Meije.*

tant parfois un bivouac à haute altitude. L'idée de ces bivouacs volon-
taires est due à ALMER. Le 17 juillet 1871, Miss BREVOORT et COOLIDGE,
qui venaient de gravir le Silberhorn, campèrent ainsi sur la Silberlücke,
avant d'ascensionner, le lendemain, la Jungfrau par la face Nord.
Le 11 septembre de l'année suivante, après avoir admiré le coucher
du soleil du sommet du Wetterhorn, la même caravane, renforcée du
Rév. FAIRBANKS, passait la nuit au Wettersattel, montait, le 12, au
Mittelhorn pour assister au lever de l'astre du jour et effectuait
par le Glacier de Rosenlaui une descente difficile et compliquée,
au cours de laquelle COOLIDGE ascensionna encore le Wellhorn.
Citons aussi la traversée des Jumeaux (Castor et Pollux) en 1887,
et l'ascension en un jour du Gross Viescherhorn et de l'Ochsenhorn,
le 22 juillet 1888, course qui eut la Concordia comme point de départ
et d'arrivée.

Miss BREVOORT et COOLIDGE furent encore des initiateurs en ce qui
concerne l'ascension des grandes cimes des Alpes en hiver. S'ils n'ont
pas créé, à vrai dire, l'alpinisme hivernal qui datait de quelques années
plus tôt [1], ils n'hésitèrent pas à entreprendre, au cours d'un séjour
à Grindelwald, en janvier 1874, l'ascension du Wetterhorn, contre
lequel une tentative infructueuse avait déjà été dirigée, l'hiver précédent, par le propriétaire de l'Hôtel de l'Aigle Noir, BOHREN-RITSCHARD.
Cette fois, l'entreprise obtint un succès complet. La caravane passa
dix minutes au sommet, sur lequel un jeune sapin fut planté, suivant
la coutume d'ALMER, chaque fois qu'il gravissait cette montagne.
La victoire favorisa également Miss BREVOORT et COOLIDGE dans une
ascension de la Jungfrau qu'ils réussirent quelques jours après,
le 22, non sans avoir couru, la veille, de sérieux dangers, du fait des
avalanches, en montant à la cabane du Zäsenberg. Ce jour-là, ils
purent rester quarante minutes au sommet, dans un air si « délicieusement tiède » que, loin d'être obligés de se couvrir, ils se trouvèrent
trop chaudement vêtus.

[1] En janvier 1862, T. S. KENNEDY s'était attaqué au Cervin par l'arête du
Hörnli, s'imaginant que l'accès de la montagne lui serait facilité par la neige,
mais cette tentative fut rapidement déjouée. Le 24 décembre 1866, H. B. MOORE
H. WALKER réussirent le double passage du Finsteraarjoch et de la Strahlegg,
au cours d'une excursion comportant un trajet de près de vingt heures sur les
glaciers, et l'année suivante, le 14 décembre, MOORE passait de la Grave à la
Bérarde, en franchissant la Brèche de la Meije, après être monté, le 12, au Col
de la Lauze.

La brillante réussite, coup sur coup, de ces deux ascensions eut
un grand retentissement; elle dissipa quelques préjugés, fit tomber
bien des objections et contribua ainsi au développement de l'alpinisme d'hiver[1]. Miss Brevoort et son neveu furent moins heureux.
il est vrai, au Mont Blanc en 1876. Malgré un siège en règle, trois
jours et cinq nuits passés aux Grands Mulets, ils ne purent diriger
qu'une seule attaque contre le géant glacé; le 12 janvier, une tourmente subite et violente les chassait du Grand Plateau jusqu'où ils
avaient réussi à s'élever.

La dernière campagne hivernale de Coolidge eut, comme la première,
l'Oberland Bernois pour théâtre. Il gravit le Männlichen, quelques
sommets secondaires dans la chaîne du Faulhorn, et le 27 janvier
1879, par une température aussi douce que celle dont il avait joui
sur la Jungfrau, le Schreckhorn. C'était, et de beaucoup, la montagne
la plus difficile dont l'ascension eût été réussie, jusque-là, en hiver.

Ces rudes ascensions hivernales, en un temps où les raquettes
et le ski étaient encore inconnus, ces bivouacs multipliés, les nuits
passées à la belle étoile, ces longues marches se succédant pendant
des semaines presque sans interruption, — Coolidge ne disait-il pas
que, pour satisfaire son ami Gardiner, il fallait au moins un pic
par jour et que son appétit pour les cimes, à lui, n'était guère moindre,
— tout cela permet de juger du degré d'endurance qu'avait acquise
l'enfant chétif et délicat d'autrefois. Cette endurance était certainement exceptionnelle[2], et parmi les qualités alpines de Coolidge,
elle venait au premier rang, mais elle était loin d'être la seule. George
Yeld, qui fit avec lui plusieurs courses dans le massif du Grand
Paradis, vante[3] sa détermination, son entrain, la bonne humeur
qui ne l'abandonnait même pas au milieu des pires épreuves de la vie
alpine. Par là, il ressemblait à sa tante si regrettée, cette admirable
Miss Brevoort, dont l'intrépidité souriante, la gaieté, l'enthousiasme
communicatif ont laissé un souvenir ineffaçable aux alpinistes qui

[1] L'exemple donné par Miss Brevoort et Coolidge fut suivi, dès l'année suivante, par W. A. Baillie-Grohman, qui réussit, en plein hiver, l'ascension du
Gross Glockner.

[2] Le président de l'Alpine Club, Florence Craufurd Grove, rendant compte
de l'activité de Coolidge, à la séance du 1er février 1887, louait = his extraordinary
powers of endurance and his minute topographical knowledge = (*Alpine Journal,*
XIII, p. 215).

[3] *Alpine Journal,* XXXVIII, 1926, p. 286-287.

la virent à l'œuvre [1]. Coolidge, rapporte également le même témoin,
avait le pied extrêmement sûr; il était uniformément bon sur tous
les terrains, quoique, par goût personnel, il préférât le glacier au
rocher.

Cette préférence s'explique aisément, puisque son éducation alpine
s'était faite dans les grands massifs glaciaires et sous la direction
de guides experts dans toutes les parties de leur art, mais absolument
prééminents comme guides de glacier. Lui-même attachait la plus
grande importance à ce qu'un alpiniste fût versé dans cette branche
de la technique; il faisait remarquer, non sans raison, que ce qui
distingue les Alpes des autres chaînes de montagnes de l'Europe,
c'est l'existence de grandes étendues revêtues de glace et de neige,
et que le grimpeur « qui se voue exclusivement au rocher se prive
d'une bonne moitié de ce qui fait le montagnard complet » [2].

En ce qui le concerne, sa prédilection pour la neige ne l'empêchait
pas d'être éclectique. Si elle a parfois influé sur ses plans d'attaque [3],
elle ne l'a jamais détourné de donner l'assaut à un pic rocheux,
et la plus belle victoire qu'il ait remportée sur la montagne, l'Aiguille
Méridionale d'Arves, est précisément une victoire de ce genre. Il est
vrai, — et beaucoup s'en étonneront peut-être, — que l'on ne trouve
dans la liste de ses ascensions aucune de ces redoutables aiguilles
rocheuses dont tout alpiniste de vingt ans rêve aujourd'hui la conquête : le Dru, le Géant, les Charmoz, le Grépon. Lui-même a paru
s'excuser de ne pas les avoir gravies en disant qu'en 1876, année
où il vint pour la dernière fois à Chamonix, elles passaient pour complètement inaccessibles; l'Aiguille de Blaitière, qu'il escalada
avec Miss Brevoort, représentait alors le dernier mot dans l'art du
grimpeur [4]. Mais la question est précisément de savoir pourquoi
Coolidge n'est plus revenu à Chamonix depuis la mort de sa tante,

---

[1] « Son courage et sa joie exubérante doublaient notre plaisir », écrivait, quarante ans plus tard, l'alpiniste anglais J. Stogdon, qui avait fait avec elle et le
Rév. Fairbanks diverses excursions autour de Belalp (*Alpine Journal*, XXX, p. 152).

[2] *The Alps in Nature and History,* p. 247; édit. française, p. 314.

[3] Ainsi, au Viso, à l'Argentera, au Pelvoux, où il cherche sa route d'ascension
dans des couloirs de neige. En Oisans, les montagnes auxquelles il s'attaque
de préférence, au début, sont celles dont l'ascension se fait en grande partie
par des glaciers et des pentes neigeuses : l'Ailefroide, la Grande Ruine, la Montagne des Agneaux, le Mont Gioberney, et même la Meije Centrale. Il lui a donc
fallu un certain temps pour s'adapter aux conditions particulières du pays.

[4] *The Alps in Nature and History,* p. 307; trad. franç., p. 393.

et cela juste au moment où l'attention, qui se détournait de ce centre,
dont le déclin, au point de vue de l'alpinisme, était signalé dans les
publications spéciales, se trouvait ramenée vers lui par les extraordinaires performances d'un DENT, d'un CHARLET, d'un MUMMERY,
d'un SELLA. Sans doute, comme Leslie STEPHEN, comme WHYMPER,
n'éprouvait-il pour le massif du Mont Blanc qu'une admiration assez
tiède [1]; mais cette raison n'eût pas suffi à l'en tenir éloigné, s'il avait
été vraiment tenté par les célèbres aiguilles.

La vérité est que COOLIDGE n'a jamais eu qu'une sympathie très
faible pour cette forme d'alpinisme que l'on qualifie aujourd'hui
d'alpinisme acrobatique. Formé par d'autres méthodes, il se sentait
un peu dérouté par la gymnastique spéciale qu'elle exige de ses
adeptes. Peut-être aussi eût-il été handicapé, dans ces sortes d'exercices, par certains traits de sa constitution physique. On a dit que
la stratégie de MUMMERY avait été conditionnée par sa grande taille.
COOLIDGE ne bénéficiait pas d'un avantage de ce genre. Il avait également la vue basse, et lui-même confesse que ce défaut l'a gêné
considérablement dans la descente de la grande muraille de la
Meije. Enfin et surtout, la façon dont il concevait l'alpinisme différait profondément de celle qui a prévalu par la suite. Son point de
vue reste celui des anciens pionniers, de John BALL, de TUCKETT, dont
il se déclare le continuateur. L'excitation d'une lutte violente a pour
lui moins d'attraits que le plaisir de l'exploration, et pour jouir
pleinement de la montagne, il n'a nul besoin du piment des escalades périlleuses.

Sans doute, dira-t-on, mais enfin il y a la Meije. Oui, mais la
Meije représente, dans l'existence de COOLIDGE, quelque chose de
tout à fait à part. Il a été le premier alpiniste qui ait formé sérieuse-
ment le projet de la gravir, et la plus grave défaite qu'il ait essuyée
dans le cours de sa carrière alpine, défaite qu'il put croire tout
d'abord irrémédiable, c'est elle qui la lui a infligée. Déçu, mais non
découragé, il conservera, malgré tout, sa foi dans la revanche. Pendant sept ans, le problème de l'ascension hante son esprit; il étudie
la montagne sous toutes ses faces; personnellement ou par ses

---

[1] « Pour une raison dont je ne me suis jamais rendu bien compte, la chaîne
du Mont Blanc ne m'a pas séduit comme d'autres massifs des Alpes. » (COOLIDGE,
Mes deux courses dans le champ d'excursions, in *Jahrbuch des Schweizer Alpenclub*,
XXXVI, p. 30.)

guides, il essaie deux fois de l'escalader par la seule route qu'il croit possible. La Meije l'avait littéralement ensorcelé. Elle était pour moi, a-t-il dit, ce que le Cervin fut pour ses explorateurs. Aussi, quand il apprend le succès de CASTELNAU, le coup qui l'atteint n'est ni moins imprévu, ni moins brutal que celui qui terrassa autrefois GIORDANO et CARREL. Mais, même vaincue par un autre, l'étrange montagne ne lâche point sa proie. L'idée survit, tenace, obstinée : connaître le mot de l'énigme, voir de ses yeux, toucher de ses mains ces roches magnifiques et périlleuses qui montent autour de la cime royale une garde sacrée. Et d'ailleurs, si CASTELNAU est parvenu au sommet de la Meije, dans quelles conditions la victoire a-t-elle été remportée? Ce Français, inconnu hier, est-il un véritable alpiniste? Un chasseur de chamois plutôt[1]. Ceux qui l'accompagnaient n'étaient pas des guides de profession. Il faut que l'ascension soit refaite suivant les règles. Puisque COOLIDGE n'a pu être le premier à vaincre la Meije, il sera du moins le premier à planter sur le sommet le drapeau de l'Alpine Club.

Et il part, en proie à une surexcitation nerveuse que partagent les ALMER. Pèlerin humble, mais fervent, il gravit, degré par degré les marches du temple, heurtant ses genoux et ses coudes, meurtrissant son corps fatigué aux dures saillies de la pierre. Pendant toute l'ascension, il reste brûlant de désir, partagé entre l'impatience et l'anxiété, et quand il atteint le sommet, le trouble qu'il ressent est si fort qu'il l'empêche de rien distinguer; à la joie intense du triomphe se mêle le mélancolique souvenir de celle qui fut pendant dix ans la compagne de ses ascensions, qui avait gardé, elle aussi, l'espoir de gravir la cime altière et dont le rêve ne s'est pas réalisé. Jamais COOLIDGE n'a connu, jamais plus il ne connaîtra de pareils instants d'émotion. Et voilà ce qu'a été pour lui l'ascension de la Meije.

Un homme qui se passionne à ce point pour une montagne n'était

___

[1] Pour COOLIDGE, comme pour MUMMERY, l'alpinisme était un jeu sans mélange, « unmixed play », et un grimpeur ne pouvait, sans déroger, s'adonner à la poursuite d'un autre gibier que les cimes. Or CASTELNAU, incidemment, avait chassé le chamois en Oisans. La petite vengeance de COOLIDGE sera de le faire passer pour un chasseur qui serait parvenu sur la Meije par un hasard heureux (*The Alps in Nature and History*, p. 297; trad. franç., p. 380). Est-il besoin de dire que cette version est tout à fait inexacte? Les trois brillantes campagnes du jeune Français, ses onze premières ascensions, non compris les traversées de cols, suffisent à le prouver. Cependant, appuyée sur l'autorité de COOLIDGE, elle a trouvé crédit à l'étranger.

pas l'alpiniste blasé que l'on a quelquefois prétendu. On se ferait de
Coolidge une idée absolument fausse si l'on voyait en lui un simple
collectionneur de cimes, un de ces maniaques de l'ascension, comme
Blackwell, que les joies de la contemplation laissent complètement
indifférents[1]. Il était, au contraire, extrêmement sensible au charme
des beaux paysages. Dans les notes relatives à ses courses nouvelles,
il ne manque jamais de mentionner la vue dont il a joui sur les sommets; il a dit du panorama du Pelvoux, tel qu'il l'avait admiré le
14 juillet 1880, que «la terre ne peut pas offrir de plus beau spec-
tacle à la contemplation de l'homme»[2], et il avait été tellement
frappé par d'autres panoramas de montagnes, comme celui de la
Besimauda, qu'il a préféré ne jamais les revoir, plutôt que de ris-
quer d'affaiblir l'impression qu'il en avait gardée, l'image radieuse
qu'il portait enchâssée au fond du cœur.

Mais plus que son aptitude à jouir fortement des grandes scènes
de la nature alpestre, ce qui achève de caractériser l'alpiniste chez
Coolidge, c'est l'attention qu'il a donnée à beaucoup de ces massifs
secondaires que la foule ignore et dédaigne, parce qu'ils sont en
dehors du cadre des curiosités classées. Il y trouvait, plus que sur
les cimes de premier ordre, des facilités toutes spéciales pour mener,
pendant des semaines, avec un ou deux compagnons, cette existence
de vagabond qu'il préférait à toute autre; existence dont l'alpiniste
d'aujourd'hui, presque toujours lié à un centre plus ou moins
mondain, qu'il s'empresse de rejoindre entre deux rapides escalades, se fait à peine une idée, rude épreuve de résistance physique,
mais surtout magnifique bain de vie libre, saine et fortifiante,
dans lequel Coolidge se retrempait chaque été avec délices, dans
des pays choisis parmi ceux qui n'avaient encore rien perdu de
leur aspect fruste et primitif. Là se trouve la vraie pierre de touche
à laquelle on reconnaîtra toujours celui qui aime vraiment la montagne. Les ascensions les plus difficiles ne prouvent rien sous ce
rapport, puisqu'on peut les entreprendre pour les motifs les plus
différents : par goût des exercices physiques, par snobisme, par glo-

---

[1] On a fait de lui un représentant de cette catégorie d'alpinistes qui montent
pour monter, «sans vouloir voir». En ce sens, Henri Beraldi, dans *Cent ans aux
Pyrénées*, V, p. 110-111. On ne saurait se tromper davantage, et la pénétration
habituelle du grand écrivain s'est trouvée ici complètement en défaut.

[2] *Ascension du Pelvoux*, dans E. Levasseur, *Les Alpes et les Grandes Ascensions*,
Paris, 1889, p. 184.

riole. Mais celui qui, loin des stations à la mode, où l'éternelle comédie humaine se joue sous le regard impassible des grands monts, s'en va chercher dans quelque contrée reculée, où il y a plus de privations et de fatigues que de célébrité à récolter, d'humbles cimes sans réputation et quelquefois sans beauté, « pauvres montagnes aux chapeaux de rocailles et aux robes d'éboulis » [1], pour leur faire l'aumône d'une visite, d'un regard, d'une pensée, celui-là porte en lui des sentiments sur la sincérité desquels il est difficile de se tromper. Coolidge a été plus d'une fois le dispensateur de pareilles aumônes [2]. Il a écrit quelque part : « L'inconnu ou le peu connu intéresse tout le monde. Pour moi, j'aime les endroits solitaires et, pour ainsi dire, la solitude elle-même [3]. » C'est parce qu'il était « épris d'inconnu et de solitude » [4], qu'il s'est attardé dans les Alpes françaises méridionales, moins connues et moins fréquentées que toutes autres, au grand étonnement des alpinistes anglais qui cherchaient à le ramener vers les centres d'ascensions classiques. C'est pour ce motif également qu'il en était venu à préférer l'Oisans à tout autre district, bien que, dans les escalades, la glace y tienne moins de place que le rocher. « Il n'est aucun coin du monde, sauf Oxford, — déclarait-il en 1881, — où je me sente autant chez moi qu'à la Bérarde, et chaque fois que je la revois, il me semble rentrer dans mon pays. Cependant il y a dans le monde de bien plus belles villes que ce pauvre hameau, mais, je n'ai pas honte à le dire, la désolation grandiose de la Bérarde m'est préférable à la splendeur éblouissante de Paris [5]. »

Pourtant, c'était un *home* bien médiocre que le premier étage du chalet Rodier, où les touristes de passage à la Bérarde recevaient l'hospitalité en ce temps-là [6]. Mais, en fait de gîtes, le vainqueur

---

[1] R. Godefroy, *Le Massif de la Collette Verte* (*Revue Alpine*, 1911, p. 94).

[2] Il y avait là un trait commun entre lui et le grand alpiniste autrichien Purtscheller, comme il le constatait, en 1902, dans la *Revue Alpine* (p. 229). Voir aussi ce qu'il dit de la Suisse inconnue dans l'*Annuaire du Club Alpin Suisse*, XXVIII, 1892-3, p. 123.

[3] *Le Col de Gros-Jean* (*Ann. Soc. Touristes du Dauphiné*, 1882, p. 148).

[4] *Annuaire du Club Alpin Français*, 1878, p. 177.

[5] *Trois nouvelles courses en Dauphiné* (*Ann. Soc. Touristes du Dauphiné*, 1881, p. 74).

[6] Ce premier étage constituait déjà une amélioration sur la grange dont il fallut se contenter auparavant; il avait été aménagé et pourvu de lits par la Société des Touristes du Dauphiné en 1876.

de la Meije Centrale et de l'Ailefroide en avait connu de plus misérables encore dans ce Dauphiné qui passait, à tort ou à raison, pour renfermer les plus mauvaises auberges des Alpes. Et puis, si toute espèce de confort faisait défaut, si l'on y manquait parfois des choses les plus nécessaires à la vie, on y était aussi à l'abri de la foule des badauds et des snobs dont Coolidge, ennemi né de la vulgarisation des sites [1], n'a jamais pu supporter la présence. Il a dit assez plaisamment comment Zinal lui parut irrémédiablement gâté le jour où il trouva la vieille auberge qu'il fréquentait envahie par un pensionnat de demoiselles [2]. Il dut éprouver une impression du même genre, encore plus pénible, lors de sa visite à l'Oisans en 1895. Depuis quatre ans il ne l'avait pas revu, et que de changements dans l'intervalle! Le tramway à vapeur, la route de Saint-Christophe, le télégraphe, les refuges, les hôtels à l'instar de ceux de la Suisse, avec des sonneries électriques, des portiers à l'arrivée et un personnel en tenue! Coolidge n'en revenait pas. Il fit contre mauvaise fortune bon cœur. Pendant cinq jours, il se laissa promener par Félix Perrin à travers ces merveilles. Pour complaire à ses amis de Grenoble, il écrivit même un petit article décrivant sa surprise en présence d'une transformation si imprévue [3]. Mais ces compliments

---

[1] L'attitude qu'il a prise à cet égard ressort nettement de la conclusion de son article sur l'Aiguille Méridionale d'Arves : « Puisse la foule banale des touristes en rester éloignée; puissent les vrais alpinistes seuls en escalader le sommet pour en admirer les beautés sauvages et les splendides panoramas! » (*Annuaire du Club Alpin Français*, 1878, p. 185.) Plus tard, dans une étude sur les origines historiques d'Arolla, observant que ce centre ressemble actuellement à ce qu'était Zermatt il y a une quarantaine d'années, il exprimera le vœu que le chemin de fer ne monte jamais jusque-là. « Puisse-t-il épargner au moins une localité alpestre! » Il se moquait, en 1881, des alpinistes qui préfèrent à la modeste hospitalité d'une auberge de village ou au rustique chalet de montagne, les magnificences et l'ennui de la table d'hôte d'un Grand Hôtel (*Alpine Journal*, X, p. 123). En 1888, narrant un séjour qu'il vient de faire, en janvier, à Grindelwald, il ajoute qu'il a écrit son article pour attirer, en hiver, dans la montagne les touristes ordinaires, mais pas ceux de l'agence Cook (*Alpine Studies*, p. 127). Soit, mais quand on redoute, — et avec raison, — pour la montagne les conséquences de l'exploitation touristique, n'y a-t-il pas quelque inconséquence à en révéler au grand public les charmes et la beauté.

[2] *The Alps in Nature and History*, p. 312; trad. franç., p. 399.

[3] *Le Dauphiné en 1895* (*Ann. Soc. Touristes du Dauphiné*, 1895, p. 115-121). Cet article a paru également en anglais dans l'*Alpine Journal*, XVII, 1895, p. 555-558.

sont de pure politesse; à chaque instant l'âme s'évade vers le passé. Cet Oisans vêtu à la mode nouvelle, celle de l'industrie touristique et des syndicats d'initiative, différait trop de celui qu'il avait connu dans sa jeunesse. Il s'y sentait dépaysé, vieilli avant l'âge. Tristement, pieusement, il ensevelira dans un coin de sa mémoire le vieil Oisans qu'il avait aimé à côté du panorama de la Besimauda. A partir de 1895, il ne reviendra plus dans la région.

La carrière alpine de COOLIDGE est comme un bel édifice d'un style de transition, majestueux et ample. Par sa fidélité aux principes et aux méthodes de l'école classique, l'architecte qui le construisit reste un des plus fermes tenants de l'alpinisme traditionnel, mais certaines hardiesses d'exécution annoncent déjà l'avènement d'un art nouveau. Je dis : hardiesse, et non : témérité. Aucun grimpeur n'a été plus sage et plus prévoyant que COOLIDGE; nul, dans les buts d'ascension qu'il s'est proposé, n'a eu un sens plus juste de la mesure; nul n'a mieux connu les dangers de la montagne et ne s'est montré plus soucieux de les éviter. Ce sont là les qualités mêmes qui distinguent l'alpinisme traditionnel. Comme représentant de cette école, COOLIDGE vient certainement au premier rang pour l'esprit de circonspection et de prudence. Ce qui lui manquerait plutôt, c'est le mordant. Opiniâtre et têtu comme WHYMPER, sa ténacité s'accompagne d'hésitations, de tâtonnements, de lenteurs que WHYMPER n'a pas connus. Mais peut-être ces lenteurs provenaient-elles du tempérament très calme d'ALMER, dont COOLIDGE acceptait, en élève docile, les jugements et la tactique, tandis que WHYMPER, avec sa nature autoritaire, sa volonté de fer mise au service d'une passion brûlante et concentrée, apparaît comme le véritable animateur de la lutte contre le Cervin, comme un général indomptable qu'aucun revers ne décourage, qui, malgré toutes les défaites, conserve sa foi dans la victoire et, frappant du pied la terre pour en faire jaillir de nouvelles légions, les conduit, avec une ardeur inlassable, à l'assaut d'un cruel ennemi. Il n'y a rien, dans la carrière de COOLIDGE, qui égale en beauté épique, les péripéties de ce duel, couronné par la plus sombre tragédie. En face de l'Aiguille Méridionale d'Arves, qu'il convoite, il se cantonne, pendant des années, dans une attitude expectante, et seul le succès de CASTELNAU à la Meije met fin à ces tergiversations, en lui montrant qu'il ne faut pas se fier aux apparences et que le défaut de la cuirasse se cache parfois là où on le soupçonnait le moins. Quelques années après, il écrira, à propos du Col de Gros Jean : « La victoire est à celui qui ose, et l'été passé j'ai reconnu à nouveau la vérité de ce proverbe[1]. » Sans doute, mais pour n'en avoir pas été pénétré plus tôt, il s'est laissé ravir la Meije, il a failli perdre également l'Aiguille Méridionale d'Arves. On ne diminue pas le mérite de ceux qui, les premiers, osèrent s'attaquer au passage de la Cascade pétrifiée, l'un des plus scabreux, des plus impressionnants de la chaîne des Alpes, quand on constate de quelle longue période de temporisation ce coup d'audace a été précédé, à quel point la tactique de COOLIDGE est restée dominée par les habitudes anciennes, dont il n'a fini par s'affranchir qu'éclairé par l'exemple d'autrui[2]. Combien différente la méthode des vainqueurs du Dru et du Grépon, même de DUHAMEL et de CASTELNAU, qui ne faisaient pourtant que débuter dans l'alpinisme ! Ceux-ci ne s'attardent pas aux reconnaissances faites de loin ; mus par un vif sentiment d'amour-propre national, ils marchent immédiatement à l'assaut, avec une *furia* bien française[3]. DENT, MUMMERY, de leur côté, recherchent la difficulté pour elle-même. Dix-neuf fois avant de le vaincre, DENT s'attaque au Grand Dru. MUMMERY fera de la lutte violente, obstinée contre « les dalles décharnées et nues, les ressauts perpendiculaires et précipitueux de l'arête, la glace noire du couloir en surplomb »[4], la source presque unique des joies, âpres et singulièrement exaltantes, qu'il demande à la montagne. Ainsi compris, l'alpinisme n'est qu'un sport, plus complet, plus passionnant que tout autre, mais où l'idéal qui était celui

[1] *Ann. Soc. des Touristes du Dauphiné*, 1882, p. 153.

[2] ALMER appartenait à cette école de guides qui, pour juger de la praticabilité des rochers, se contentaient d'une inspection à distance, tandis que tous les progrès réalisés depuis en matière d'escalades rocheuses sont dus à un changement radical de méthode, la prise de contact avec la difficulté. C'est ce qu'a fait très justement observer le capitaine J. P. FARRAR, dans une des meilleures études critiques qui aient paru sur la catastrophe du Cervin. Cf. *Days of Long Ago; Charles Hudson, the Prototype of the Mountaineer of to-day* (Alpine Journal, XXXII, 1918, p. 22-23).

[3] Henry CORDIER écrivait, de son côté, dans l'*Annuaire du Club Alpin Français*, 1876, p. 152, au sujet de l'accessibilité de la Meije : « Pour se prononcer définitivement à ce sujet, il faudrait avoir essayé la Meije de tous côtés, dans les meilleures conditions, avec les meilleures guides et surtout la ferme volonté de ne battre en retraite qu'au moment où il deviendrait matériellement impossible de faire un pas de plus. »

[4] A. F. MUMMERY. *Mes Escalades dans les Alpes et le Caucase*, trad. Paillon. Paris, 1903, p. 292.

des grimpeurs de la vieille école a subi une déformation évidente. On a jugé très différemment cette transformation, pour les uns apogée d'un art parvenu, par suite des progrès de la technique, à un haut degré de perfection, tandis que d'autres y discernaient les germes d'une irrémédiable décadence; mais, de toute façon, qu'on s'en félicite ou qu'on la déplore, on est bien forcé de constater que ceux qui en furent les promoteurs et les premiers ouvriers sont salués aujourd'hui comme des chefs d'école, tandis que Coolidge, à côté d'eux, fait figure d'ancêtre, parce que, en dépit de quelques beaux exploits, sa façon de concevoir l'alpinisme ne satisfait qu'imparfaitement une jeunesse dont la virtuosité sportive est devenue la principale et souvent même l'unique ambition.

Par contre, ce que l'on est unanime à reconnaître, ce que l'on admirera toujours chez lui, c'est la continuité de l'effort, la persévérance avec laquelle il a poursuivi, sans jamais s'en laisser distraire par d'autres préoccupations, l'exploration méthodique et minutieuse de la chaîne alpine. C'est à ce point de vue qu'il faut se placer, et non à celui de nos modernes gymnastes, si l'on veut juger avec équité l'œuvre qu'il a réalisée en montagne. Lorsqu'il entra dans la carrière, la plupart des grandes cimes des Alpes avaient été vaincues; mais la connaissance que l'on avait de certaines régions laissait encore bien à désirer: le filet que les premiers explorateurs avaient jeté sur d'autres districts, était lâche. Il restait à en resserrer les mailles, à combler les vides, les lacunes, à gravir la foule des sommets secondaires que la première génération de grimpeurs avait négligés, dans sa hâte de conquérir les cimes de premier rang. Travail immense, qui n'était pas encore terminé à la fin du xixe siècle! Dans la phalange qui s'y employa, nul n'a joué un rôle plus actif et plus important que Coolidge. Le zèle qu'il déploya dans cette tâche, l'étendue de ses investigations, l'incomparable trésor d'expérience et de connaissances qu'il avait acquis, forment les traits dominants de sa physionomie alpine. C'est par là surtout qu'il demeurera, aux yeux de la postérité, un grand, un très grand montagnard.

Sous un autre rapport, il restera populaire. Avec lui, ou plutôt avec les années de sa jeunesse, se clôt la galerie de ce que l'on pourrait appeler l'alpinisme pittoresque. La présence dans sa caravane, de 1868 à 1876, de la célèbre Tschingel, une chienne non moins remarquable - pour son pied montagnard que pour ses aimables qualités de cœur et d'esprit » [1], met dans les débuts de sa vie alpine une note d'originalité qui n'est pas sans valeur. Sans doute, ce n'était pas là, à proprement parler, une nouveauté! BOURRIT, ATKINS, EISENKRAMER, KENNEDY lui-même, celui de la Dent Blanche et de l'Aiguille Verte, pour n'en citer que quelques-uns, avaient eu des compagnons du même genre. Mais le chien de BOURRIT, qu'il fallut porter à Pierre Ronde, parce que les glaçons lui déchiraient les pattes, n'est que ridicule, comme son maître, le piètre ascensionniste de l'Aiguille du Goûter, tandis que TSCHINGEL, avec ses trente ascensions de sommets alpestres, ses trente-six passages de cols glaciaires, était la digne compagne des grimpeurs de l'époque héroïque. Il n'en est pas moins vrai que, de l'un à l'autre, une filiation presque continue s'établit à travers le temps, de même que l'alpenstock de Miss BREVOORT rappelle, avec moins d'enjolivements sans doute, le « divin bâton à corne de chamois » de Mlle d'ANGEVILLE. L'alpinisme a vieilli depuis lors, et à mesure qu'il prenait de l'âge, l'aimable fantaisie dont il s'accompagne à ses débuts, l'abandonne. Nous sommes riches aujourd'hui de l'expérience qui manquait à nos devanciers; nous faisons des choses plus difficiles, mais nous n'avons plus leur jeunesse d'âme. Nous ne pouvons plus goûter, dans leur virginité, dans leur fraîcheur, les impressions qu'ils ressentaient en face d'une nature que les descriptions et les gravures, le mercantilisme et la réclame n'avaient pas encore vulgarisée, dépoétisée, qui avait pour eux l'attrait de l'inconnu, le charme ingénu et mystérieux des choses primitives. Un demi-siècle seulement a passé depuis la conquête de la Meije, et déjà les hommes et les choses de ce temps-là s'enveloppent d'une atmosphère de légende. C'est à travers les brumes d'un lointain passé, dans un monde bien différent du nôtre, celui de l'*Album du Dauphiné* et des *Voyages* de TAYLOR que nous voyons la caravane de Miss BREVOORT et de COOLIDGE, leur chien, leurs guides, leurs porteurs suisses, — tout un campement d'explorateurs, — parcourir ces montagnes du Dauphiné qui étaient alors presque ignorées, dressant leur tente au bord des glaciers, jusque sous le sommet de la Grande Ruine, partageant l'abri enfumé des bergers

---

[1] COOLIDGE, *Ann. Soc. Touristes du Dauphiné*, 1875, p. 93. Pour la carrière alpine de TSCHINGEL, consulter Jean VÉNON, *In Memoriam Tschingel* (*Grenoble Revue*, 15 avril 1892); COOLIDGE, *An Alpine Veteran* (*Alpine Journal*, IX, 1879, p. 310-311) et surtout *Tschingel (1865-1879)*, in *Alpine Studies*, p. 167-191

de Provence ou bivouaquant sous un rocher, tandis que la pluie
et le vent font rage, dans la solitude désolée du Vallon de l'Enchâtra.

III.

Pour la plupart de ceux qui s'y livrent, l'alpinisme n'est qu'une dis-
traction passagère. Installer la montagne au centre de sa vie, en
faire, pour ainsi dire, le dieu lare sur les autels duquel on sacrifie
chaque jour, c'est un rêve que bien des grimpeurs ont formé sans
doute, mais qu'il n'a été donné qu'à un petit nombre de pouvoir
réaliser. Coolidge a été, sous ce rapport, parmi les favorisés de l'existence. Non seulement, jusqu'aux approches de la cinquantaine,
rien n'est venu entraver son activité comme alpiniste, alors que
beaucoup de ses concurrents ne pouvaient donner à leur passion
que quelques jours ou quelques semaines chaque année, mais,
grâce aux loisirs dont il jouissait, il a pu, même éloigné de la montagne, vivre, pour ainsi dire, en communion constante avec elle,
en orientant son activité intellectuelle dans le sens le plus conforme
à ses goûts, au point que l'étude des Alpes a fini par l'absorber tout
entière. Comme, d'autre part, Coolidge a été un grand laborieux,
qu'il a conservé sa puissance de travail bien longtemps après que
la maladie fut venue mettre un terme à ses courses alpestres, on ne
sera pas surpris d'apprendre que le nombre de ses écrits, en y com-
prenant les simples notes qu'il semait, comme à profusion, dans les
revues, les dictionnaires, les encyclopédies, égale, si même il ne le
dépasse, celui des sommets et des cols qu'il a ascensionnés.

C'est là le second aspect de sa physionomie, où l'homme d'étude,
l'érudit, le «scholar», voisine en un saisissant diptyque, avec l'ama-
teur d'escalades. Mais y a-t-il vraiment opposition entre ces tendances,
et lorsqu'il exhumait du fond de quelque bibliothèque un document rare ou inédit intéressant l'histoire des Alpes, n'éprouvait-il
pas un plaisir du même ordre qu'en découvrant une cime que personne n'avait encore gravie? En tout cas, la forme intellectuelle qu'a
revêtue son amour de la montagne, le zèle qu'il a mis à l'étudier,
non seulement dans son état actuel, mais au point de vue rétrospec-
tif, achèvent de le placer à un rang hors pair parmi ces pionniers
de l'alpinisme, dont il était un des derniers et des plus illustres
représentants. Nul n'a élevé en son honneur un monument plus

imposant; nul n'a apporté plus d'ardeur et plus de sagacité à fouiller
les arcanes de son passé; nul n'a possédé dans ce domaine des
connaissances plus étendues, témoigné d'une plus grande richesse,
on peut même dire d'un tel luxe de documentation. La supériorité
de Coolidge, à tous ces points de vue, en faisait le maître incontesté
de l'histoire alpine. Il détenait, sous ce rapport, une prééminence
devant laquelle tout le monde s'est incliné. Plus tard, lorsqu'il
eut transféré son domicile en Suisse, on s'est plu parfois à l'appeler « le bénédictin de Grindelwald ». Aucun éloge, je le sais, ne lui a
été plus droit au cœur: aucun, en tout cas, n'était plus juste ni
mieux mérité.

Il est impossible naturellement d'examiner ici en détail une série
de publications dont la simple énumération remplissait déjà trente-
cinq pages dans une bibliographie rédigée en 1912 [1]. On doit se
borner à l'essentiel.

Comme la plupart des alpinistes, c'est par des récits d'ascensions
que Coolidge a débuté dans la littérature alpine, mais quels récits
que ceux qui ont pour titre : *Dauphiné in 1870, The Wetterhorn and
Jungfrau in Winter, An Ascent of the Meije!* Avant même d'être membre
de l'Alpine Club, il collaborait déjà au journal de la célèbre association par des notes relatives à ses courses nouvelles [2]. C'est en février
1870 qu'il fut admis dans la société, sur la présentation de Tuckett,
dont les conseils lui furent précieux à ses débuts dans la carrière
alpine, notamment pour son premier voyage dans les Alpes Dauphinoises. Dès 1877, l'extraordinaire activité que Coolidge avait
déployée dans les montagnes le désignait au choix de ses collègues
pour une place dans le Comité, et en août 1880, il succédait à
Douglas W. Freshfield comme rédacteur de l'*Alpine Journal,* poste
qu'il conserva jusqu'en 1890. La façon particulièrement brillante
dont il s'acquitta de cette difficile fonction lui valut, lors de sa sortie
de charge, les félicitations du président Clinton Dent [3]. Pendant
les neuf années de son éditorat, il n'a pas donné à l'*Alpine Journal*
moins d'une centaine de communications. D'autres récits de courses
ont paru dans l'*Annuaire du Club Alpin Français,* le *Bulletin de la Sec-*

---

[1] *A List of the Writings relating to the Alps or Switzerland,* of W. A. B. Coolidge.
Grindelwald, 1912.

[2] *Alpine Journal,* IV, mai 1868, p. 51, et novembre 1869, p. 384.

[3] *Address to the Alpine Club* (*Alpine Journal,* XV, 1890, p. 5-6).

tion des Alpes Maritimes, l'*Oesterreichische Alpen-Zeitung,* les publications du Club Alpin Suisse, le *Yorkshire Ramblers' Club Journal,* enfin et surtout dans l'*Annuaire de la Société des Touristes du Dauphiné,* dont les vingt-deux premières années, sauf en 1893 et 1894, renferment toutes un article de Coolidge. Dans la *Revue des Alpes Dauphinoises,* l'organe d'une autre société de tourisme qui commence à paraître à Grenoble en 1895, il est encore revenu plusieurs fois sur ses explorations dans la région.

Comme écrivain, Coolidge n'est pas à mettre en regard des grands noms de la littérature alpestre. Il n'a jamais songé à faire œuvre d'artiste. Il n'est ni peintre, ni poète. Très sobre sur ses impressions personnelles, il ne s'attarde pas non plus à décrire les beautés du paysage. Non pas qu'il fût incapable de brosser aussi bien que d'autres de jolis tableaux de la nature alpestre, tel celui qu'il a inséré sous le titre *A Year's round in the Alps* dans *The Alps in Nature and History.* Mais les tableaux de ce genre sont rares dans son œuvre, parce qu'il considérait le détail pittoresque, la couleur, l'émotion, comme des ornements inutiles et même dangereux dans un récit. Il éprouvait à leur égard ce dédain et cette défiance que les érudits exclusivement préoccupés d'objectivité ressentent pour l'histoire écrite à la façon d'Augustin Thierry et de Michelet. Lui-même d'ailleurs s'était formé à l'école de E. A. Freeman, le grand historien anglais, dont l'influence sur son esprit semble avoir été profonde. Il y avait acquis le goût de l'exactitude, de la précision, de la clarté. Tout le reste n'était, à ses yeux, que colifichets littéraires, trompe-l'œil.

Il n'est pas étonnant, dès lors, que les récits d'ascension de Coolidge soient écrits dans un style très simple et un peu sec, le style des procès-verbaux et des rapports. Ce souci de l'exactitude, cet amour de la précision qu'il poussait jusqu'à la minutie, non moins que la connaissance qu'il avait d'une grande partie de la chaîne alpestre, le désignaient par contre au choix des éditeurs de guides à l'usage des touristes comme le rédacteur idéal de ce genre de publications. A deux reprises, il fut chargé de la revision du *Murray* et quand, en 1890, l'Alpine Club décida la refonte complète du *Guide Ball,* qui tient un rang intermédiaire entre le *Murray* et les *Climber's Guides,* nul ne parut mieux qualifié que Coolidge pour être placé à la tête de l'entreprise. Ce fut lui qui rédigea entièrement le premier volume, qui parut en 1898, travail considérable, puisqu'il portait sur toute la section de la chaîne comprise entre la Méditerranée et le Simplon. Le grand explorateur des Alpes Occidentales était probablement le seul homme au monde capable de remplir cette tâche avec la compétence nécessaire. En dépit des obstacles qu'y apporta sa santé déjà ébranlée, l'introduction générale, publiée à part sous ce titre : *Hints and Notes, Practical and Scientific, for Travellers in the Alps,* fut aussi revue et mise à jour par ses soins en 1899.

L'année suivante, Coolidge faisait paraître un petit *Guide de Grindelwald,* édité simultanément en trois langues pour la clientèle des excursionnistes et des promeneurs. Mais c'est surtout à la rédaction des guides destinés spécialement aux alpinistes qu'alpiniste lui-même, il a consacré son temps et ses efforts. Sa collaboration aux *Climbers' Guides,*— dont le *Zermatt Pocket Book,* publié par Sir Martin Conway en 1881, peut être considéré comme le prototype [1], — ne comprend pas moins de cinq volumes : *The Lepontine Alps* (1892) rédigé avec Conway; *The Mountains of Cogne* (1893), avec G. Yeld, l'infatigable explorateur du groupe du Grand Paradis; *The Adula Alps* (1893); *The Range of Tödi* (1894); *The Bernese Oberland,* vol. II (1904). En 1909-1910, il revisa également le premier volume de l'Oberland Bernois qui avait paru en 1902 sous la signature de G. Hasler.

Toute cette série cependant avait été devancée par un guide qui quoique ayant été le livre de début de Coolidge, n'en reste pas moins son œuvre maîtresse en ce genre, surtout pour les alpinistes français : c'est le *Guide du Haut Dauphiné,* qu'il entreprit en 1884, de concert avec ses amis de Grenoble, Félix Perrin et Henry Duhamel. Dans la notice qu'il consacrait à ce dernier, au lendemain de sa mort [2], lui-même a narré la genèse de cette publication dont, deux ans plus tard, l'admirable carte du massif du Pelvoux, œuvre personnelle de Duhamel, venait doubler la valeur. Publié en 1887, le

---

[1] L'histoire du *Zermatt Pocket Book* a été contée par Sir Martin Conway dans *Some Reminiscences and Reflections of an Old-stager* (*Alpine Journal,* XXXI, 1917, p. 146-153). On y verra combien la confusion qui régnait dans la nomenclature topographique, l'insuffisance et bien souvent l'inexactitude des renseignements fournis par les alpinistes et les guides, rendirent laborieuse la préparation de ce petit volume. Dans ce travail, l'auteur fut aidé par Coolidge, qui connaissait mieux que personne, sauf peut-être W.E. Davidson, l'histoire alpine de la région, et ce fut le début de leur association.

[2] *Quelques souvenirs personnels sur Henry Duhamel* (*La Montagne,* 1917, p. 89-91).

Guide du Haut Dauphiné s'enrichissait d'un supplément dès 1890.
et il a été soigneusement tenu à jour dans les éditions qui se sont
succédé : éditions anglaises de 1892 et de 1905 (*Climbers' Guides*).
édition autrichienne de 1913. Par contre les événements n'ont pas
permis à la traduction italienne, dont Coolidge corrigeait les épreuves
en 1917, de voir le jour, et les années ont passé sans qu'il ait eu
la joie de saluer la publication d'une nouvelle édition française de
son ouvrage.

Peut-être faut-il en chercher la raison dans la difficulté pour lui
de trouver un collaborateur. Sur la manière de rédiger un guide.
comme sur toute autre question, Coolidge avait des idées très arrê-
tées, des idées à lui. qu'avec la meilleure bonne volonté du monde,
il n'était pas toujours possible de partager; d'où, des germes de
désaccord et une mésentente probable. C'est ainsi qu'un guide de
la Tarentaise et de la Maurienne. qu'il eut longtemps en préparation,
ne put jamais paraître, le collaborateur qu'il avait choisi pour combler certaines lacunes ayant préféré reprendre sa liberté plutôt
que de sanctionner par sa signature des itinéraires qu'il jugeait
inadmissibles. Par exemple, l'auteur prétendait faire partir l'itinéraire de la Pointe Rénod de Saint-Michel-de-Maurienne. et non de
la Praz, point de départ naturel. sous le prétexte qu'en 1878.
lui-même était parti de la première de ces localités pour l'ascension
du Col Rénod. On voit par là que les raisons historiques l'empor-
taient dans l'esprit de Coolidge sur les considérations d'ordre pratique. Ses guides sont de fidèles recensions des itinéraires déjà
suivis, étayées sur une abondante bibliographie. On a critiqué
parfois la présence de cette dernière. comme n'étant d'aucune
utilité sur le terrain. Il est permis de penser, au contraire, que la
valeur des *Climbers' Guides* tient en grande partie aux renseignements historiques et bibliographiques qu'ils renferment. Sous
d'autres rapports. depuis, on a fait mieux. Mais est-ce une raison
pour oublier tout ce que nous devons à ceux qui furent les initiateurs
de ce genre de publications? On ne dira jamais assez l'énorme somme
de travail que la préparation de ses guides a coûté à Coolidge, la
correspondance considérable qu'il a entretenue à leur sujet, la
conscience scrupuleuse avec laquelle il cherchait à élucider ses moindres doutes, l'attention qu'il mettait, non seulement à les tenir
à jour, mais à en améliorer le texte d'édition en édition. Rédiger
n guide pour grimpeurs sera toujours une besogne délicate, où

bien rarement l'on échappe à la critique. Sachons rendre justice à
ceux qui, sur ce terrain difficile, — difficile surtout de leur temps, —
ont frayé la voie à leurs successeurs. Ils ont rendu à l'alpinisme
d'inappréciables services. Directement ou non, nous bénéficions
de leurs efforts et de leurs travaux.

En faisant une part à l'histoire et à la bibliographie dans ses
itinéraires descriptifs, Coolidge ne rendait pas seulement ces ouvrages
plus utiles aux lecteurs désireux de se documenter sur la région
considérée, il ne leur fournissait pas seulement les moyens de con-
trôler et de compléter, au besoin, les indications données par le
guide; il satisfaisait aussi ses goûts personnels, puisqu'il était, en
même temps qu'historien de profession [1], bibliographe-né. La
plus grande partie de son œuvre écrite, celle qu'il nous reste à examiner maintenant, n'est, sous une forme savante, qu'un commentaire anticipé du mot de Guido Rey : « C'est un de nos devoirs de
conserver le culte poétique du passé de l'alpinisme. » Cependant le
premier travail historique qu'il inséra, en 1879, dans l'*Alpine Journal* n'était pas consacré à l'alpinisme, mais à un des problèmes les
plus obscurs de l'histoire du moyen âge, un de ceux qui exerçaient
alors tout particulièrement la sagacité des érudits, celui des incur-
sions sarrasines et de l'établissement de ces bandes de pillards
dans les Alpes [2]. Bien que l'article de Coolidge offre des traces
manifestes d'inexpérience, que certaines de ses conclusions, celles
notamment sur la colonisation sarrasine de la vallée de Saas, aient
été immédiatement contredites et que lui-même les ait abandonnées
par la suite, la savante dissertation où il présentait pour la première
fois au public anglais la question dans son ensemble, faisait entre-
voir en lui un érudit de valeur, extrêmement versé, dès cette époque,
dans l'histoire des Alpes, dont, disait-il en commençant, comme
pour excuser ce que l'insertion de ce mémoire dans une revue spécialement consacrée au « mountaineering » pouvait avoir de sur-
prenant, l'histoire de l'alpinisme n'est qu'un chapitre.

Huit ans pourtant s'écouleront sans qu'il fasse de nouvelle incursion, d'incursion sérieuse au moins, dans une branche d'études où
il avait si brillamment débuté, mais c'est qu'alors Coolidge est pris

---

[1] Sa seule publication étrangère aux Alpes est *The late Aubrey More's Lectures
and Papers on the History of the Reformation* (1890).
[2] *The Saracens in the Alps* (*Alpine Journal*, IX, p. 254-282; X, p. 269-274).

par d'autres besognes : en 1880-1881, il est professeur d'histoire anglaise au St. David's College de Lampeter; de 1880 à 1885, «tutor» pour l'histoire moderne à Magdalen College, enfin, de 1880 à 1883, il se prépare à exercer le ministère ecclésiastique. Entre temps, il complète sa connaissance des Alpes, amasse des documents, jette les fondements de la riche bibliothèque alpine, la plus considérable peut-être du monde, qui va devenir l'arsenal de son érudition, la source à laquelle s'alimentera, pendant des années, son intarissable production historique. En 1887, enfin, paraît dans *The Guardian* (numéro du 15 juin), un important article de Coolidge, *Swiss Travel and Swiss Guide Books*, qui, repris et considérablement développé, formera la première partie d'un volume qu'il publie en 1889, sous le même titre, la seconde étant consacrée à l'histoire de Zermatt, considéré surtout au point de vue du développement du tourisme. C'était, depuis le livre de Peyer [1], la contribution la plus importante qui eût été apportée à l'histoire des voyages en Suisse. Même aujourd'hui, bien que, sur certains points, le sujet ait été fouillé plus avant [2], *Swiss Travel* reste l'ouvrage classique, le manuel auquel il est indispensable de recourir, si l'on veut se documenter rapidement sur les anciens hôtels, les cabanes, les itinéraires descriptifs de la région, depuis l'*Index Memorabilium Helvetiae* jusqu'aux *Joanne*, aux *Bædeker* et au *Guide Ball*. On peut dire que c'est ce livre qui a fondé la réputation de Coolidge comme historien des Alpes, cette réputation qui, au cours des vingt années suivantes, va s'affirmer avec tant d'éclat. Dès ce moment, en effet, le grand alpiniste se donne tout entier à ses études favorites, et comme il est désormais en pleine possession de ses moyens, ses travaux d'histoire alpine se succèdent de plus en plus nombreux.

Bornons-nous à en signaler quelques-uns : *The Discovery of the Finsteraarhorn*, publié dans l'*Alpine Journal* en mai 1889; *The Early Ascents of the Dent Blanche*, en février 1890; *The First Ascent of the Zermatt Breithorn* (mai 1891); *The Early Attempts on Monte Rosa from the Zermatt side* (août 1891); *The First Ascent of the Mittelhorn*, et *Where is the «Mons Jubel»?* (mai 1894); *On Bouquetins* et *The Early History of the Aiguille du Midi* (août 1894); *The Early*

---

[1] G. Peyer, *Geschichte des Reisens in der Schweiz. Eine cultur-historische Studie.* Basel, 1885.

[2] En particulier. pour l'Oberland Bernois, par A. Weber et H. Dübi.

Ascents of the Jungfrau from the Vallais side. The Early History of the High Passes round Zermatt, The Origin of the Grimsel Hospice (mai 1893); *The Early History of the Col du Géant* (février 1896); *Some early Visits to Zermatt and Saas* (novembre 1906-février 1907); *The alpine History of the Finsteraarhorn* (février 1907); *Mr. Bird's Attempt on Monte Rosa and Ascent of the Cima di Jazzi in 1854* (mai 1907); *The First Ascent of the Finsteraarhorn by a Traveller* (mai 1910).

L'*Alpine Journal* ne suffit pas à absorber une production qui déborde dans toutes les revues de France, de Suisse, d'Autriche, d'Italie, auxquelles Coolidge collabore. Trois de ses études les plus considérables ont paru ainsi successivement dans l'*Annuaire du Club Alpin Français* (1900) : *La légende du Mont Iseran*, dans l'*Annuaire du Club Alpin Suisse* (1902 et 1903), avec *La chaîne du Mont Blanc à travers l'histoire*, enfin dans le *Bollettino* du Club Alpin Italien (1908), où il étudie en 69 pages la *Topografia storica del Gruppo del Gran Paradiso*. En 1900 également, il donne à l'*Annuaire de la Société des Touristes du Dauphiné* une remarquable monographie du Mont Pelvoux (81 pages), ce qui ne l'empêche pas de publier dans le même volume un article sur *La Meije et ses noms divers*. D'autres monographies du même genre ont paru dans la *Revue des Alpes Dauphinoises* (1899 et 1900) : *L'Ailefroide*, dans le *Bollettino* et la *Rivista del Club Alpino Italiano* (1901) : *La Catena della Levanna*. En 1897, commencent les notices historico-topographiques concernant les massifs secondaires de la Maurienne et de la Tarentaise, dont la série paraîtra dans la *Revue Alpine* et *La Montagne*. Puis viendront les études historiques de cols : *Le Col de la Leisse et les Quécées de Tignes, Le « Col de Galest » et le Col de la Galise*, etc.; de sommets : *Il Monte Rosa al XVIII. Secolo, Les Grands Sommets des Alpes de la Tarentaise dans l'Histoire, La Chaîne du Mont Blanc avant 1800, Il Cervino nella storia fino a 1800*, intéressantes surtout au point de vue de la nomenclature ancienne. La topographie historique des régions glaciaires, comme l'histoire de leur exploration, a donc bénéficié dans une large mesure des recherches patientes et érudites de Coolidge.

Le troisième point sur lequel ont porté ses études s'écarte plus encore de l'alpinisme pur. Sa curiosité ne se limitait pas aux montagnes, les pics, les cols, les glaciers, objet de ses excursions pendant tant d'années; il s'intéressait également à l'habitant des Alpes, au genre de vie, aux coutumes, aux institutions, aux migrations anciennes, aux vicissitudes de toute sorte par lesquelles sont passées, au cours des siècles, les populations qui vivent sur les deux versants de la grande chaîne[1]. Nul mieux que lui ne connaissait, par exemple, sous ces divers rapports, la Suisse, ce curieux État mosaïque, cette petite Babel linguistique, politique et religieuse. Il ne faut pas songer à énumérer ici tous les articles qu'il a consacrés à ce pays dans une quantité de revues et de journaux : *The Guardian*, *The Pilot*, *The Law Quaterly Review*, l'*English Historical Review*, l'*Oesterreichische Alpen-Zeitung*, l'*Anzeiger für Schweizerische Geschichte*, les *Blätter für Bernische Geschichte*, etc. La variété des sujets traités n'est pas moins digne de remarque : le tribunal fédéral, les origines du referendum, la géographie ecclésiastique de la Suisse, les survivances catholiques dans le Zwinglianisme moderne, la république de Gersau, la question des langues dans les Grisons, les colonies valaisannes dans l'Oberland Bernois, la colonie valaisanne du Val Formazza, les noms de lieux de la vallée de Saas, les noms de Zermatt, l'alpe d'Engstligen dans l'histoire, etc. Naturellement COOLIDGE n'a pas manqué de s'occuper des Vaudois et de leur histoire, de même qu'il n'eût pas été un érudit spécialisé dans l'étude des Alpes s'il n'avait dit son mot sur le passage d'HANNIBAL (*Geographical Journal*, 1899). La traversée par CHARLEMAGNE, en 773, d'un col qu'il croyait être le Mont Genèvre, a fixé également son attention (*English Historical Review*, 1906).

Je passe, faute de pouvoir m'étendre davantage, sur la part qu'il a prise à la rédaction des encyclopédies, dont les directeurs n'ont pas manqué de faire appel à son concours, comme à une autorité incontestée pour tout ce qui concernait l'histoire et la topographie des Alpes. Il a écrit ou revisé des centaines d'articles pour le *Dictionnaire géographique de la Suisse*, l'*Encyclopaedia Britannica*, la *New Encyclopaedia* de NELSON. Sa signature apparaît également dans des ouvrages écrits en collaboration, tels que *Les Alpes et les Grandes Ascensions*, d'Émile LEVASSEUR, ou *The Pioneers of the Alps*, de CUNNINGHAM et ABNEY. *Le Massif de la Bernina*, par A. LORRIA et E.-A. MARTEL, l'ouvrage de Sir Martin CONWAY, *The Alps from End to End*, renferment aussi des chapitres écrits entièrement de sa main.

Si rapide et si écourtée qu'elle soit, la recension qui précède

[1] C'est en s'entretenant avec GLADSTONE de ces questions qu'il sut l'intéresser et le charmer, un jour que le grand homme d'État était venu visiter Magdalen College. Cf. *Alpine Journal*, XXXVIII, p. 285.

permet déjà de se rendre compte de la puissance de travail de
COOLIDGE, de l'énormité et de la fécondité de son labeur. Mais ces
innombrables articles dispersés de côté et d'autre ne sont encore
que la menue monnaie de son savoir et comme le trop-plein d'une
activité cérébrale toujours prête à s'épancher au dehors. Là où
l'on peut le mieux juger de l'étendue et de la solidité de son érudition
alpine, parce qu'elle s'y présente sous une forme plus condensée,
c'est dans les gros volumes qu'il fit paraître en 1904 et 1908 :
Josias Simler et les origines de l'alpinisme avant 1600, et *The Alps in
Nature and History*, celui-ci réédité à Paris en 1913 dans une traduction qui par certains côtés laisse un peu à désirer.

Le premier est la réédition d'un petit mémoire sur les Alpes, *De
Alpibus commentarius*, que le théologien zurichois SIMLER fit paraître
en 1574, comme préface à sa Description du Valais. L'utilité de
cette réimpression, qu'accompagne une traduction française, ne
se faisait pas particulièrement sentir, si COOLIDGE n'avait groupé
autour d'elle une vingtaine de documents rares ou inédits concernant la connaissance de la montagne et la pratique de l'alpinisme
dans les temps anciens, s'il n'avait exposé aussi, dans une remarquable préface, les résultats de ses recherches personnelles sur le
même sujet. Par suite de ces enrichissements, l'opuscule assez
mince de SIMLER s'est transformé en un gros in-octavo de 920 pages
qui renferme une histoire complète de l'alpinisme depuis l'antiquité
classique jusqu'à la fin de la Renaissance; véritable livre d'exégèse
qui, avec ses innombrables citations, ses notes, ses gloses, ses com-
mentaires historiques et topographiques, constitue le chef-d'œuvre
de l'érudition alpine. Cet ouvrage fut récompensé par la Société de
Géographie de France qui, en 1905, décernait à son auteur le prix
Charles Grad.

The Alps in Nature and History appartient à un genre tout différent.
C'est une vue d'ensemble des Alpes, une sorte d'introduction générale à leur étude, où COOLIDGE a condensé, à l'usage du grand public
anglais, le fruit de quarante ans de recherches, de voyages et de lectures. Un logicien trouverait sans doute à redire à la composition
du volume; il s'étonnerait de certaines lacunes qui, étant donné
le titre du livre, semblent difficiles à justifier [1]. Mais, une fois admises

---

[1] Comment l'auteur qui, pour parler de la flore et de la faune alpestres, a
fait appel à des spécialistes, ne s'est-il pas assuré le concours d'un géologue

e s limites dans lesquelles l'auteur a enfermé son sujet, on ne peut.
qu'admirer la façon dont le cadre a été rempli. Toute la partie historique notamment, qui forme l'essentiel de l'ouvrage, histoire politique des Alpes, histoire des grands passages de la chaîne, histoire de
l'alpinisme considéré jusque dans son évolution la plus récente,
est traitée de main de maître, et si même dans les chapitres qui
arborent une étiquette géographique, l'histoire s'est taillé la part
du lion, si ces chapitres n'ont évidemment que de lointains rapports
avec la géographie scientifique, telle qu'on la conçoit aujourd'hui,
ils ne s'en lisent pas moins avec intérêt, avec agrément, avec profit
grâce aux souvenirs personnels, aux anecdotes curieuses, aux descriptions tracées d'un crayon sobre, mais toujours juste, que l'écrivain y a semés. Par là, ce livre de vulgarisation prend la valeur d'un
document auto-biographique. Il n'est pas seulement neuf de con-
ception, bourré de faits, riche de substance; il porte au plus haut
degré la marque personnelle de l'auteur.

A côté des ouvrages qui précèdent, il convient de faire une place
à l'excellente étude d'histoire locale que Coolidge composa sur la
chapelle de Sainte-Pétronille à Grindelwald [1]. En 1912, il réunissait
dans un volume de mélanges intitulé *Alpine Studies* une vingtaine
d'articles déjà publiés pour la plupart dans des revues de divers
pays. Trois seulement étaient inédits, notamment la biographie

---

pour exposer, dans ses grandes lignes, l'architecture grandiose de la chaîne?
Peut-on vraiment décrire une chaîne de montagnes sans dire un mot de sa genèse
et de sa structure? Il est visible, d'ailleurs, à lire le premier chapitre de l'ouvrage,
que Coolidge se fait du relief d'une chaîne de montagnes une idée simpliste,
surannée et qui, par certains côtés, prête à sourire. Peut-être faut-il en chercher
la cause dans une spécialisation excessive de ses études? N'oublions pas aussi
que l'enseignement de la géographie n'a été introduit que tardivement dans les
universités anglaises. Cf. L. Gallois, *L'enseignement de la Géographie à l'Université
d'Oxford* (Annales de Géographie, 1906, p. 267-270). Quoi qu'il en soit, *The
Alps in Nature and History* ne répond guère, sous certains rapports, à la définition
trop ambitieuse qu'en a donnée le traducteur français de l'ouvrage : « une ency-
clopédie de l'Alpe».

[1] *Die Petronella Kapelle in Grindelwald*. Grindelwald, 1911 (tiré à 200 exemplaires avec 8 illustrations). Il est souvent fait mention de cette chapelle, située
au pied de l'Eiger, suivant les uns, à la base du Mettenberg, selon d'autres, à
propos de la communication directe qui, si l'on en croit la légende, aurait existé
autrefois entre Grindelwald et le Valais. Cf. A Weber, *Zur Frage des alten Passes
zwischen Grindelwald und Wallis (Jahrbuch des Schweizer Alpenclub*, XXVII, 1891-
1892, p. 253-274).

de Tschingel et *The Names of Monte Rosa*. L'histoire de l'alpinisme
voisine dans ce livre avec des récits d'escalades ou des souvenirs de
voyages dans les régions subalpines de la Suisse. Dans l'œuvre
écrite du grand alpiniste, *Alpine Studies* est une sélection à laquelle
pourront recourir ceux qui désireraient en prendre connaissance
par quelques spécimens choisis dans chaque genre parmi les plus
caractéristiques de sa manière.

IV.

A l'époque où nous sommes arrivés, dans la période qui précède
la guerre, la célébrité qui depuis longtemps s'attache au nom de
Coolidge est parvenue à son apogée. Sa réputation comme historien
surpasse presque celle qu'il s'était acquise comme grimpeur de
sommets. Non seulement il figure au premier rang parmi les érudits
de l'Europe, « in the front rank of European scholars », comme le président de l'Alpine Club le proclamait dès 1895 [1], mais pour tout ce
qui concerne les Alpes, il exerce, dans le domaine historique, une
véritable suprématie. Aussi, presque toutes les grandes sociétés
alpines, le Club Alpin Français, en 1898, l'Alpine Club, en 1905,
beaucoup de sociétés savantes parmi celles qui s'occupent spécialement de l'histoire des Alpes, ont-elles tenu à se l'agréger à titre de
membre d'honneur. Récompense plus précieuse encore, au lendemain de la publication de *The Alps in Nature and History*, l'Université de Berne lui décernait le titre de docteur en philosophie *honoris
causa*.

A cette date, du reste, il y a longtemps que Coolidge a quitté
Oxford, dont le climat, en hiver, ne convenait pas à sa santé. Espé-
rant que l'air vif et sec des montagnes lui serait plus favorable, il
est venu se fixer, en mars 1896, dans la belle vallée de Grindelwald,
que, comme son ami, le pasteur Strasser, il aurait pu appeler « das
liebe Gletschertal », tellement de chers souvenirs y étaient attachés
pour lui. Après quelques mois passés à l'Hôtel de l'Ours, il s'installa
dans un chalet situé près de la gare « Am Sandigenstutz », qu'il
partagea quelque temps avec son jeune guide Almer, avant de l'abandonner, en 1909, pour une maison plus grande et plus confortable,

<hr>

[1] D.W. Freshfield, *An Address to the Alpine Club* (*Alpine Journal*, XVIII, 1896,
p. 8).

le chalet Montana, qu'il fit bâtir à l'extrémité occidentale du village. C'est dans l'une et l'autre de ces résidences qu'il passa les trente dernières années de sa vie, au sein d'une retraite laborieuse, à peine interrompue de temps à autre par de courts déplacements qui se firent de plus en plus rares, le changement de climat n'ayant pas produit malheureusement le résultat espéré. Dès 1900, on l'a vu, il avait dû renoncer aux ascensions. Dès lors, il ne voyagea plus qu'en chemin de fer ou en voiture, visitant surtout le Nord-Est de la Suisse, retournant en 1907 pour la dernière fois en Italie. Au début, il faisait encore quelques promenades en montagne. Au mois de juin 1906, j'eus le plaisir de l'accompagner à la Nothhalden-alp, une de ses excursions favorites. A la montée, on pouvait encore se faire illusion sur ses aptitudes de marcheur, mais, en descendant, on eût dit qu'il allait tomber à chaque pas, et c'était une chose lamentable de voir le pauvre grand alpiniste butter et trébucher sur les pierres roulantes, malgré l'appui du bras vigoureux d'ALMER. Cette faiblesse physique alla assez vite en s'accentuant. Les maladies ne l'épargnèrent pas; une grave opération mit ses jours en danger. A partir de 1910, ses promenades ne dépassaient guère son tout petit jardin.

Ceux qui l'ont connu à ce moment de sa vie n'oublieront jamais le lourd et corpulent gentleman, bien différent du beau type d'athlète sous lequel on se représente d'ordinaire les grimpeurs anglo-saxons, avec ses larges épaules, son gros buste monté sur de courtes jambes, et le collier de barbe embroussaillée qui encadrait sa physionomie où, derrière le voile des lunettes, brillait la flamme mobile et malicieuse du regard. Un peu à l'écart du chemin, à peine troublé dans sa tranquillité par le voisinage du Schweizerhof, le chalet « Am Sandigenstutz » se dissimulait dans la verdure, fleuri comme un cottage anglais. Des fenêtres du premier étage, la vue s'étendait sur la vallée, la crête sauvage du Hörnli, les neiges de l'Eiger. C'est sur cet admirable paysage qu'ouvrait le cabinet de travail où COOLIDGE recevait ses visiteurs. Partout des papiers et des livres et, suspendu près du vieux Maître, le collier de TSCHINGEL, où les performances de la bonne bête étaient gravées, avec leurs dates, sur une plaque d'argent. Mais la grande curiosité de la maison, ce qui surprenait le plus l'étranger qui y pénétrait pour la première fois, c'était cette immense bibliothèque qui garnissait tous les murs, le haut des portes, les moindres recoins, débordant du bureau dans la salle à manger voisine, dans les chambres, le vestibule, les corridors. Il y avait là, quand je la vis pour la première fois, à peu près 15.000 volumes, et le nombre en augmenta encore par la suite. Presque tous les genres y étaient représentés. mais surtout l'alpinisme, l'histoire et la géographie alpines. La littérature d'imagination, la poésie, le roman, étaient relégués au grenier. Coolidge faisait les honneurs de ses richesses, non avec l'orgueil un peu vain du bibliophile plus sensible à l'exécution matérielle de l'ouvrage qu'à son contenu, mais avec la satisfaction infiniment plus grande encore de l'érudit qui voit dans les livres des instruments de travail et se fait une joie de les mettre, le cas échéant. à la disposition de ses amis. Sa bibliothèque était libéralement ouverte à tous. comme sa bourse l'était aux œuvres alpines d'intérêt général. La Section de Berne du Club Alpin Suisse, le Musée Alpin Suisse. la Société historique du Canton de Berne, notamment, ont bénéficié ainsi, dans une proportion plus ou moins grande. de ses libéralités. et c'est seulement grâce à son appui financier que put paraître. en 1909. la troisième édition de la carte Duhamel.

Avec ceux qu'il ne connaissait pas. Coolidge se montrait réservé et même timide, mais il s'apprivoisait vite quand il se sentait en sympathie avec son interlocuteur. L'hospitalité que l'on recevait chez lui était charmante et il se multipliait pour rendre le séjour de sa maison agréable à ses invités. Sa conversation, du reste, y eût suffi. Simple, vive, enjouée, aussi éloignée du ton doctoral que de la banalité des lieux communs, elle se distinguait par la variété des sujets qu'il était en mesure d'aborder avec une égale facilité. par la forme originale, piquante, humoristique, qu'il savait donner à ses réflexions, même par les développements oratoires, tantôt savants et tantôt drôles, — car il passait volontiers « du plaisant au sévère », — dont les plus petits faits de la vie quotidienne étaient pour lui le prétexte. C'est ainsi qu'à propos du vin de la Valteline, qui figurait sur sa table, je l'ai vu se lancer un jour dans une magnifique dissertation historique sur la politique de Richelieu à l'égard de ce pays. Cinq minutes après, il demandait à un clergyman qu'il voyait pour la première fois, s'il était marié, et sur sa réponse négative, il entreprenait un éloge dithyrambique du célibat, étayé sur de nombreux versets de la Bible, non sans de fréquentes allusions à un certain Belzébuth qui. si j'ai bien compris sa pensée. empruntait souvent. pour tenter l'homme. la forme de celle dont la curiosité coupable causa la chute de nos premiers parents. Coolidge ponctuait fréquemment ses phrases d'un petit rire qui était comme un tic nerveux; mais, cette fois, son rire s'était transformé en une franche gaieté. Sans doute jugeait-il, comme le fellow de Bourget, que rien, en ce monde, ne surpasse les joies de l'intelligence. Il faut dire aussi qu'il était très attaché à son fellowship[1] et qu'un mariage le lui eût fait perdre, tandis qu'ayant été élu avant la réforme de 1882, il en conservait le titre et les appointements, en quelque lieu qu'il se trouvât.

En dehors des visites qu'il recevait, surtout dans la saison d'été, — amis, alpinistes de passage, quelquefois interviewers ou directeurs de revue, — tel celui qui vint un jour lui demander un article sur les accidents de montagne dont il avait été témoin et auquel il répondit, à la grande stupéfaction de son auditeur, qu'il regrettait beaucoup, mais que dans tout le cours de sa carrière alpine, pourtant longue, il n'avait jamais été témoin du moindre accident, — en dehors de ces visites qui mettaient quelque diversion dans l'existence retirée du vieil ermite, l'énorme correspondance qu'entretenait Coolidge absorbait une bonne partie de son temps. Il répondait à toutes les lettres qu'il recevait avec une régularité exemplaire, sur des cartes postales ou des feuilles tapées à la machine, mais qu'il couvrait ensuite, à la plume, d'annotations, de points d'exclamation, de renvois, de traits simples ou doubles soulignant les mots sur lesquels il voulait attirer l'attention, quelquefois de coups de crayon bleu ou rouge, qui les faisaient ressembler à des épreuves d'imprimerie surchargées de corrections. Une autre particularité de ces lettres était la place qu'y tenait la chronique de Grindelwald, qu'il connaissait par le menu, bien qu'on le vît rarement dans le village. On ferait un historique de tous les événements petits et grands arrivés dans la vallée pendant plus d'un quart de siècle rien qu'avec la correspondance qu'il entretint avec ses amis. A ceux-ci, d'ailleurs, il ne négligeait aucune occasion de témoigner, sous des formes parfois touchantes, l'attachement qu'il avait pour eux; il s'intéressait à leur vie, à leurs travaux; il les aidait, au besoin, par des encourage-

---

[1] Étant toujours absent d'Oxford le jour de la fête de son collège, qui tombe le 22 juillet, il la célébrait à sa manière, en faisant, autant que possible, ce jour-là, une ascension. Sa victoire sur l'Aiguille Méridionale d'Arves fut précisément remportée le jour de la fête de sainte Madeleine, le 22 juillet 1878.

ments, des conseils; il ressentait un véritable plaisir quand il pouvait
mettre à leur service les ressources de sa vaste érudition. D'ailleurs,
même inconnu du grand historien des Alpes, un alpiniste était
toujours bien accueilli quand il s'adressait à lui pour obtenir un
renseignement. Pour un point d'histoire à élucider, une recherche
bibliographique à entreprendre, il était celui vers lequel les yeux
se tournent immanquablement, qui vous épargne les tâtonnements,
vous aiguille sur la bonne voie. Si ingrate qu'elle fût parfois, jamais
il ne s'est dérobé à cette tâche. Dans les quarante-huit heures,
rarement plus, la réponse partait de Grindelwald, vous appor-
tant, aussi précis, aussi complet qu'on pouvait le désirer, le renseignement demandé.

Mais, et c'est là le revers de la médaille, si Coolidge s'est toujours
montré secourable à ceux qui s'intéressaient aux mêmes questions
que lui, si l'on n'a jamais fait appel en vain à son obligeance, par
contre, il était d'une susceptibilité chatouilleuse pour ce qui
concerne ses propres travaux. Ses découvertes historiques avaient,
à ses yeux, la même importance que ses premières ascensions, et
pas plus pour les unes que pour les autres, il n'admettait que ses
droits de priorité fussent le moins du monde méconnus. Il y avait
là une question de justice et de loyauté sur laquelle il ne transigeait
pas. Sans doute, et ceci doit être dit à sa décharge, il n'avait pas
toujours eu à se louer de la manière dont on en avait usé à son égard.
Si tel chapitre d'un guide fameux *The Valley of Zermatt and the
Matterhorn* est tiré entièrement d'un de ses ouvrages, le nom de
l'auteur, le titre du livre qui en a fourni la matière sont soigneusement passés sous silence. On comprend que des libertés de ce genre
aient rendu Coolidge un peu ombrageux en matière d'emprunts
littéraires, mais, minutieux à l'extrême comme il l'était, peut-être
portait-il, sous ce rapport, ses exigences un peu loin. Trois alpinistes
italiens, et non des moindres, se virent un jour vertement tancés
coram populo, parce que dans une monographie des Aiguilles d'Arves,
ils n'avaient pas reconnu assez expressément tout ce qu'ils devaient
au point de vue bibliographique, au savant auteur du *Guide du
Haut Dauphiné* [1]. Pour avoir ignoré ou paru ignorer l'opinion
exprimée par Coolidge sur telle ou telle question de détail, pour

---

[1] Coolidge, *Les Aiguilles d'Arves. Rectifications et corrections* (*Annuaire de la Société
es Touristes du Dauphiné,* 1890, p. 111-129).

l'avoir mal comprise et mal interprétée, pour avoir emprunté à un auteur, fût-il aussi banal que Bædeker ou Joanne, une citation que Coolidge avait déjà eu l'occasion de faire dans un de ses innombrables articles, sans spécifier expressément ses droits d'antériorité à cet égard, quel est l'écrivain alpin qui ait échappé aux remontrances d'un juge soupçonneux et sévère? La férule du Maître tombait sur les élèves sans soupçon de partialité. Coolidge gouvernait l'histoire alpine comme un magister régente sa classe, prêt à clouer au pilori l'imprudent qui s'aventurerait sur ce terrain sans faire preuve de connaissances suffisantes.

Pourtant l'ignorance n'était encore, à ses yeux, qu'une faute vénielle dont, avec une contrition suffisante, on pouvait obtenir le pardon. Il était beaucoup plus difficile d'empêcher l'orage de fondre, quand on croyait devoir se séparer publiquement de Coolidge sur un point où il avait pris nettement position. La forme intransigeante de son esprit, sa nature impulsive, son tempérament nerveux supportaient mal la contradiction. Son moi intime était fait de contrastes. Un de ceux qui l'ont le mieux connu, l'a défini : un agneau ardent, «a fiery lamb». Dans ce vieux savant à lunettes, travailleur patient et méthodique, qui passait ses journées devant son bureau, feuilletant ses livres, compulsant ses fiches, pour résoudre de petits problèmes de toponymie et d'histoire que la plupart des hommes eussent jugé mortellement ennuyeux, il se cachait en réalité une âme de feu. Cette âme fougueuse, passionnée, vindicative même, se révélait dans les polémiques alpines, que Coolidge conduisait avec une ardeur, un acharnement, une violence qui en faisaient un adversaire singulièrement dangereux. Ce n'est pas pour rien que Luigi Vaccarone l'avait nommé «le lion de Grindelwald». Plus d'une fois amis et ennemis entendirent l'écho de ses rugissements.

Tous ces faits sont si notoires qu'en les rappelant, je ne crois pas desservir la mémoire d'un homme dont certains défauts de caractère ne sauraient faire méconnaître la riche et forte personnalité. Ces travers étaient si incorporés à sa physionomie qu'on tracerait de lui un portrait incomplet et inexact, en essayant de les dissimuler. D'ailleurs, il n'y a rien que d'honorable dans cette ardeur, même excessive, que Coolidge mettait à défendre la vérité ou ce qu'il considérait comme tel. Pas plus que le sage critique d'Horace, il ne songeait à se demander : *Cur ego offendam amicum in nugis?* Pour lui, comme on l'a très bien dit[1], les erreurs étaient des crimes et devaient être traitées en conséquence. Il les pourchassait avec le zèle d'un inquisiteur, et quand il n'arrivait pas à obtenir la rétractation du coupable, il le retranchait de la société de ses fidèles; il prononçait contre lui l'excommunication majeure. Hélas! que de groupements, de revues, que d'amis qui n'auraient pas demandé mieux que de vivre en bonne harmonie avec lui, ont été, pour des choses qui n'en valaient pas la peine, victimes de cette excommunication!

Pour se montrer aussi absolu, aussi ancré dans ses idées, il faut être certain d'avoir le bon droit de son côté. Ce serait faire injure à Coolidge, une injure toute gratuite, que d'admettre qu'il en ait jamais douté. Il était pour cela trop sincère avec lui-même, avec les autres. Le cas échéant, il ne refusait pas de se rendre à l'évidence, quand on réussissait à lui prouver, — clair comme le jour, — qu'il s'était trompé[2]. Seulement, avec lui, cette preuve était difficile à établir, parce qu'il appartenait à cette catégorie de personnes qui ont dans leurs propres lumières une confiance illimitée. Un ingénieux critique littéraire a signalé comme un des traits les plus frappants du caractère de Calvin l'impossibilité de supposer un instant que quiconque ne pensait pas comme lui pût avoir raison. Il serait excessif de prétendre qu'il en était de même chez Coolidge; maintes fois cependant, dans les discussions qu'il soutint sur tel ou tel point d'histoire ou de topographie alpines, on a l'impression que son état d'esprit ne différait pas sensiblement de celui du grand réformateur genevois. Sans doute cette croyance à son infaillibilité personnelle provenait-elle du sentiment très net qu'il avait de sa supériorité sur la plupart de ses adversaires. Là du moins se trouvent les bases solides qui l'expliquent dans une certaine mesure. Qui mieux que lui connaissait les Alpes? Qui avait exploré plus à fond plus en détail, la littérature alpine? Qui était mieux à même d'établir

---

[1] Voir le *Times*, numéro du 22 mai 1926.

[2] Une méprise qui dut lui être particulièrement sensible fut celle qu'il commit à propos du Mont Blanc. Il avait pris tout simplement le Pirée pour un homme, les petits villages du Mont Blanc, près de Champorcher (Val d'Aoste), pour la montagne du même nom (*Jahrbuch des Schweizer Alpenclub*, XXXVII, p. 253-254; *Josias Simler*, p. lvi et 317, note 8). Averti par l'abbé Gorret, il reconnut très loyalement son erreur et s'empressa de la rectifier (*Jahrbuch d. S. A. C.*, XL p. 352).

la bibliographie d'un sujet? Qui disposait pour cela d'un outillage plus complet et plus à portée de la main? La conscience même qu'il apportait à ses moindres recherches, ce souci de l'exactitude et de la précision qu'il poussait jusqu'à la plus extrême minutie, devaient lui paraître comme autant de garanties qui le mettaient à l'abri de l'erreur. Assurément, il était trop bon historien pour s'imaginer avoir dit le dernier mot sur chaque question. Dans les lettres qu'il m'a écrites, il n'hésite pas à reconnaître que l'on peut compléter et perfectionner ses travaux; mais que, sur des points essentiels, il y eût lieu de modifier les conclusions auxquelles il était parvenu après mûre réflexion, c'est une idée qui semble lui rester complètement étrangère [1].

Et cependant Coolidge n'a pas échappé à la loi qui veut que toute œuvre historique ou scientifique, si soigneusement, si laborieusement qu'elle ait été édifiée, n'ait jamais qu'une valeur provisoire. Comme historien documentaire, éditeur de textes, évidemment, il n'a pas d'égal. Ce qu'il a exhumé ou colligé de faits, de noms, de dates et de citations, ce qu'il en a entassé dans ses ouvrages et dans ses articles, pendant un demi-siècle de production littéraire, est inimaginable. Il est même permis de penser qu'un peu plus de sobriété sous ce rapport ne lui eût pas nui, car son érudition, servie à doses massives, était plus propre à effrayer qu'à séduire le lecteur. Aussi, comme historien, Coolidge n'a-t-il jamais obtenu près du grand public qu'un succès d'estime. Les éditeurs anglais le savaient bien, à la porte desquels il a plus d'une fois frappé en vain. Il sacrifiait trop les agréments de la forme à la solidité et à la richesse de l'information; il était de ceux que l'on consulte, mais qu'on ne lit pas. Esprit net et précis, dans ses récits d'ascensions comme en histoire, il se préoccupait seulement d'instruire, pas assez de plaire; il en revenait toujours au fait et au document.

Mais si abondante que fût la documentation de Coolidge, il n'a pas tout connu. Et comment l'aurait-il pu? Admirablement armé en ce qui concerne les documents imprimés relatifs à l'histoire des

---

[1]. Lui-même pourtant ne s'est pas fait faute de modifier sa manière de voir sur certaines questions, comme on a déjà eu l'occasion de le noter pour l'occupation sarrasine et les noms de lieux de la vallée de Saas. D'autres exemples de ces variations de Coolidge ont été relevés dans l'*Alpine Journal*, XXXII, 1918, p. 18-19; XXXIII, 1921, p. 323, note 1.

Alpes, qu'il avait presque tous réunis dans sa magnifique bibliothèque, il l'était beaucoup moins relativement aux sources manuscrites, dont, pour l'époque du moyen âge surtout, Luigi Vaccarone, qui avait sur Coolidge l'avantage d'être un paléographe de métier, et pour les temps modernes, Th. Dufour, H. Dübi, Henry Montagnier, Douglas W. Fresnfield, — je ne cite que quelques exemples, — ont tiré un parti si heureux [1]. Or il suffit parfois de la découverte d'un document resté inconnu auparavant pour ruiner entièrement une thèse patiemment élaborée. D'autre part, les documents ne sont que la matière sur laquelle travaille l'historien; ces documents, il faut les mettre en œuvre, les critiquer, les analyser, en déterminer le sens exact, et c'est une besogne qui demande autant de sagacité que de prudence. Coolidge a-t-il toujours apporté dans cette tâche extrêmement délicate un esprit suffisamment délié et suffisamment objectif? A-t-il toujours tiré des documents qu'il avait en mains tout ce qui y était inclus? N'y a-t-il pas vu, au contraire, quelquefois, ce qui n'y était pas, parce qu'il les interprétait avec des tendances étrangères à la mentalité du temps auquel ces documents appartenaient? Je pose la question sans la résoudre, me contentant de faire observer que, pour plus d'une de ses savantes dissertations historiques, il a trouvé des contradicteurs, et des contradicteurs sérieux. Ainsi pour l'histoire du Finsteraarhorn [2], comme pour celle des trois Weisstor [3]. L'identification qu'il a faite du Mont Garroux, de la carte de Bourcet, avec le Sirac, ou du Mont Coupeline avec le Combin est fort sujette à caution. Il est peu probable également que sous le nom de «M. Rosio» ou de «Monte della Roisa», les cartographes italiens de la fin du xvie et du commencement du xviie siècle, aient voulu désigner spécialement le Mont Rose, comme Coolidge incline à le croire pour un motif qui n'a rien de scientifique [4]. Par ailleurs, le

[1] En fait, ce n'est que tardivement qu'on le voit utiliser ces sources, par exemple, dans *Josias Simler*, dans la biographie de Johann Madutz, dans l'histoire du Col du Géant entre 1820 et 1860.

[2] Cf. *Alpine Journal*, XXVII, p. 263-297. Dans le même sens que Coolidge s'est prononcé le Dr. H. Dübi; cf. *ibidem*, XXXIII, p. 346, note 22, et la réponse de J. P. Farrar, p. 365-366.

[3] Cf. *Alpine Journal*, XXXI, p. 352-355.

[4] Comme l'a fait observer le Dr. Dübi, il s'agit beaucoup plutôt du passage du Saint-Théodule, connu des anciens géographes suisses sous le nom de *Der Gletscher*, dont le mot *roise*, *rocsa* ou *ruiza* est l'équivalent en patois valdôtain (*Jahrbuch des Schweizer Alpenclub*, XL, 1904-1905, p. 351). Voici le passage

« Col Major » des anciennes cartes désigne-t-il, comme il le prétend, le Col du Géant? Un savant critique auquel l'histoire des Alpes est redevable de découvertes nombreuses, l'a contesté par une série d'arguments qui ne peuvent manquer de faire impression [1]. Enfin, si Durier, dont l'ouvrage n'est, sur bien des points, qu'un aimable roman historique, a cru pouvoir identifier avec le Mont Blanc la « rupes alba » de la célèbre charte d'Aymon, on s'étonne davantage de voir un historien de profession, comme Coolidge, adopter une manière de voir complètement dénuée de vraisemblance et qu'une étude plus sérieuse de la question a fait abandonner depuis lors.

Ces exemples, dont il serait facile d'allonger la liste [2], montrent que, même dans la partie de son œuvre qu'il a élaborée avec le plus de soin, le plus de réflexion, le plus de loisir, la critique trouve à exercer ses droits. A plus forte raison en est-il de même pour les constatations qu'il avait faites dans le domaine topographique, au cours de ses nombreuses campagnes alpestres, constatations dont l'exactitude a été plus d'une fois prise en défaut. La plupart des discussions qu'il a soutenues n'ont pas d'autre cause. Il avait passé souvent trop vite, observé superficiellement. A mesure qu'il vieillissait, ses souvenirs devenaient confus et vagues; quand une montagne ne lui était pas très familière, quand un itinéraire d'ascension était un peu compliqué, il n'interprétait pas toujours exactement les renseignements qu'il trouvait dans la littérature alpine ou ceux

de Coolidge auquel il est fait allusion ci-dessus : « Il reste donc incertain qu'Ortelius ait véritablement eu l'intention d'indiquer sous le nom « M. Rosio » une cime ou un col; mais on nous pardonnera assurément d'incliner, comme alpiniste, vers l'avis qu'il a effectivement pensé à une cime. » (*Josias Simler,* p. xlviii.)

[1] Cf. *Alpine Journal,* XXXIII, p. 323-340; XXXIV, p. 347-362.

[2] Par exemple, sur l'interprétation donnée par Coolidge, dans son *Josias Simler,* d'un passage de Münster, voir les remarques de A. Weber, *Jahrbuch des Schweizer Alpenclub,* XL. p. 280-281 (réponse de Coolidge dans *La Storia dei tre Weissthor*). Sur l'histoire du Mont Rose (Orstspitze et Grenzgipfel), cf. Coolidge, *The Alps in Nature and History,* p. 232, trad. française, p. 294; *Alpine Studies,* p. 224-229; *Johann Medutz,* p. 27-30, et les conclusions de J. P. Farrar et de H. Montagnier, *Alpine Journal,* XXXI, p. 323-333; XXXII, p. 251-252. Sur l'ascension du Père Placidus a Spescha au Piz Terri, cf. Coolidge, *Climbers' Guide to the Adula Alps,* p. 73-74 et l'article de W. Derichsweiler, *Bestieg P. Placidus a Spescha den Piz Terri?* (*Jahrbuch d. Schweizer Alpenclub,* XLVII, p. 141-147).

qu'il recevait de correspondants occasionnels[1]. Pris à partie, il se
défendait, *unguibus et rostro*, avec une extraordinaire ténacité. La
plus mémorable de ces discussions est celle qu'il soutint au sujet
de l'Aiguille de Péclet. Ayant conclu d'une lecture barométrique
que la pointe Sud, qu'il atteignait le premier, le 12 août 1878,
était plus élevée que la pointe Nord, gravie, l'année précédente,
par MM. Puiseux et Boutan, il s'est toujours considéré comme le
vrai vainqueur de l'aiguille, bien qu'une série d'observations pré-
cises et de témoignages concordants soit venue depuis lui donner
tort[2].

Un attachement excessif à ses propres idées, une certaine difficulté à entrer dans la pensée d'autrui, une susceptibilité toujours
en éveil et, dans les polémiques, cette âpreté qu'il n'est pas rare
de rencontrer chez les érudits, telles sont les ombres qu'il faut mettre
au portrait de Coolidge si l'on veut avoir de lui une image suffisamment ressemblante. Ces particularités de caractère rendaient les
rapports avec lui difficiles, quand on ne partageait pas son opinion
sur des points qui lui tenaient à cœur, car, avec un homme si peu
conciliant, il fallait beaucoup d'habileté et de souplesse pour ne pas
le heurter de front. On a dit qu'il était passé maître dans l'art de se
faire des ennemis. La plupart de ceux-ci l'étaient à leur corps défen-
dant, et beaucoup n'auraient pas demandé mieux que de suivre
l'exemple du plus célèbre d'entre eux, un homme pourtant avec
lequel il ne faisait pas bon se mesurer, — le conquérant du Cervin, Whymper, lorsqu'il eut la générosité de proposer à son adversaire d'enterrer d'un commun accord leurs haches de guerre. En
réalité, le plus grand ennemi de Coolidge était en lui-même, dans
son esprit intolérant, dans son tempérament nerveux. Il convient
d'ajouter que l'acrimonie de son caractère se manifesta surtout
après sa retraite à Grindelwald. De l'avis unanime, la réclusion à
laquelle il s'était condamné, son état de maladie en sont en grande

---

[1] Le *Dauphiné-Führer* n'est pas exempt de confusions de ce genre, en particulier pour le Sirac. Voir également *Revue Alpine*, 1926, p. 125-126, les indications inexactes fournies par Coolidge au sujet de l'Aiguille Noire.

[2] Il ne s'est pas montré moins obstiné en ce qui concerne l'altitude comparée de
l'Aiguille Centrale d'Arves et de l'Aiguille Méridionale. Jusqu'à la fin, envers
et contre tous, il a gardé intacte sa croyance à la supériorité de la première. « Dies
ist immer noch W. A. B. Coolidges persönliche Meinung. . . » (*Dauphiné-Führer*
p. 58).

La correspondance de COOLIDGE, à cette époque, nous le montre toujours curieux, promenant son regard alerte sur la vaste scène du monde, dont il souligne en passant, avec un sens très net de l'humour, les aspects paradoxaux. «Je me porte assez bien, soigné par mon fidèle garde-malade Albert [1], et choyé par mon petit fox-terrier Max. M. Charles PILKINGTON est mort au mois de décembre, paralysé depuis longtemps. M. GARDINER est très joyeux : ses deux garçons sont démobilisés. Il essaie de faire rentrer son cocher-chauffeur qui lui écrit de.... Jéricho (!) où il est chauffeur militaire. Les temps sont très durs. Ici nous avons peu à manger, et cependant on envoie des provisions de bouche en Autriche. J'ai dû payer le charbon 3oo francs la tonne! et les impôts en Angleterre sont écrasants. Tâchez de me faire une petite visite au printemps lorsqu'il y aura de quoi manger. Mon neveu (dans la marine britannique) a vu de ses yeux la reddition de la flotte allemande en Écosse. Les envois de la France sont longtemps en voyage à présent. Petit détail amusant, je reçois Le Dauphiné, de Grenoble, régulièrement deux jours après l'arrivée des journaux de Londres de la même date!»

La guerre n'avait pas interrompu les travaux historiques de COOLIDGE. Il écrivait toujours des articles, mais ne savait où les placer. Il fut, pendant quelque temps, la providence de la *Rivista* du Club Alpin Italien, et c'est là qu'ont paru, de 1914 à 1918, quelques-unes de ses meilleures études, notamment trois remarquables monographies : *Le origini storiche di Arolla, La storia dei tre Weissthor, La storia del Col di Tenda*, cette dernière publiée d'abord dans l'*English Historical Review* en 1916. Le *Bulletin de la Flore Valdôtaine* le compte aussi, à ce moment, parmi ses collaborateurs. Il y avait débuté, en 1912, avec des articles sur l'*Histoire topographique de la Haute Valpelline entre 1820 et 1862*, et une histoire du Lyskamm à la même époque. De 1913 à 1917, il y publie successivement : *Les origines du Grand Combin et du Mont Collon, La légende de la « Crête à Collon »* (1913), réédité en italien dans la *Rivista* en 1915, *Entre le Col de Collon et le Col de Valcournera* (1914), *Le Col Ferret dans l'histoire* et *L'Orthographe historique du nom « Rutor »* (1916), *Quelques glanures Valdôtaines-Vallaisannes* (1917). Mentionnons encore *La Dent Blanche dans l'histoire* et *Nomenclature historique du Weisshorn*, qui parurent dans les *Annales Valaisannes* en 1917 et 1918; *Zur*

---

[1] Albert HÜRZLER, qui fut, jusqu'à la fin, l'intendant de COOLIDGE.

topographischen Geschichte des Belalp- und des Aletschgletschergebiets, der Eggishornkette und des Märjelensees (Blätter aus der Walliser-Geschichte, 1914); *The passage of the Alps in 1518 (English Historical Review,* octobre 1915); *Das « Gestinum » vom Jahre 1211. Eine Hypothese (Anzeiger für Schweizerische Geschichte,* 1916); enfin une brochure de 50 pages publiée à Berne en 1917 : *Johann Madutz (1800-1861). Ein Pionier der Schweizer Alpen. Eine biographische Skizze.* Madutz était un guide, originaire de Matt (canton de Glaris), qui joua un rôle important dans l'exploration des Alpes suisses, comme compagnon d'Oswald Heer et de Melchior Ulrich.

Les hostilités terminées, on pouvait s'attendre à ce que l'activité intellectuelle de Coolidge se manifestât aussi brillante que dans la période qui avait précédé la guerre. Lui-même le crut peut-être tout d'abord; mais, s'il eut cette illusion, il ne la conserva pas longtemps. Le 5 avril 1919, il m'écrivait : « Je viens de terminer le manuscrit d'une nouvelle édition française de mon Guide des Alpes Lépontiennes, mais je suis sans nouvelles depuis deux ans de la traduction italienne du Guide du Haut Dauphiné, alors presque entièrement composée. Enfin, je suis au bout de mes forces et ma vie alpino-littéraire est à peu près terminée. J'ai un tiroir rempli d'histoires alpines des grandes cimes et des cols de glaciers autour de Zermatt, mais ces articles ne verront probablement jamais le jour. » Il est vrai qu'au moment où Coolidge faisait ces réflexions mélancoliques, il était sous l'impression toute fraîche d'un douloureux événement. Le 31 mars, quelques minutes après avoir reçu une lettre de Frederick Gardiner, à laquelle il était justement en train de répondre, un télégramme lui avait appris la mort de son vieux compagnon de courses, plus âgé que lui de six jours seulement et auquel l'unissait une amitié de quarante années. Ce coup imprévu le frappa vivement [1]. A cet ami si cher et si regretté, avec lequel il avait toujours vécu en si parfaite harmonie, il éleva du moins un monument digne de lui en retraçant sa carrière alpine dans une brochure, imprimée à tirage restreint [2], sur le désir de Mrs. Gardiner, et à laquelle les souvenirs personnels de l'auteur

[1] « It was a most terrible shock to me.... We had been so closely connected for so many years that even now, five months after his death, I cannot realise that I shall never see him again on earth. » (*The Alpine Career,* p. 73.)

[2] *The Alpine Career of Frederick Gardiner (1868-1914), described by his Friend* W. A. B. Coolidge, 1920 (tiré à 50 exemplaires).

Les superbes spectacles qu'il avait sous les yeux, l'éclat des neiges satinées, la découpure sauvage des rochers, les jeux de la lumière et de l'ombre sur les alpages et sur les forêts éveillaient-ils en lui de vagues souvenirs, pareils à ces formes fugitives que les captifs enchaînés dans la caverne de PLATON voyaient défiler sur le mur de leur prison? Mais plus haut que les montagnes de la terre, n'habitait-il point déjà, par la pensée, une contrée lointaine et mystérieuse, celle « dont les cieux sont toujours clairs, où jamais ne tombe l'ombre du soir »?

> There is a land, a sunny land
> Whose skies are ever bright,
> Where evening shadows never fall...

Le dénouement vint enfin ou, pour mieux dire, la libération. Elle fut à la fois rapide et douce, sans agonie, sans souffrance. Le cœur trop faible cessait de battre le 8 mai 1926.

L'inhumation eut lieu le 11, dans l'après-midi. Toute la population de Grindelwald y assistait, car elle vénérait en COOLIDGE non seulement le grand alpiniste qui, depuis trente ans, résidait au milieu d'elle, mais le représentant d'une autre époque, celle où les guides étaient les fidèles compagnons, les amis de leur voyageur. Le docteur DÜBI était venu de Berne apporter le salut du Club Alpin et des autres sociétés de la Suisse dont le défunt était membre, mais, par suite de la grève générale qui sévissait de l'autre côté de la Manche, deux Anglais seulement, le célèbre skieur Arnold LUNN et sa femme, assistaient aux obsèques. Porté par les guides de la vallée, le cercueil pénétra dans l'église anglicane où le chapelain récita les dernières prières, puis le cortège reprit sa marche vers le cimetière du village. Contraste étrange, et qui donnait à la funèbre cérémonie l'aspect d'une apothéose triomphale! Le printemps éclatait dans toute sa force, dans toute sa beauté. Sous l'azur profond et ardent, l'idyllique vallée de Grindelwald, vêtue de sa robe de fraîche verdure, baignait dans la fluidité d'une atmosphère chaude et diaphane, à travers laquelle transparaissaient les cimes rayonnantes de lumière. Les avalanches glissaient comme des larmes d'argent sur les flancs du Mettenberg et leurs grondements répétés, réveillant l'écho des solitudes, couvraient par instants la voix du docteur DÜBI disant un dernier adieu à son ami, sur la tombe prête à se refermer. Comme vingt-huit ans auparavant, pour les funérailles du vieil ALMER, la Montagne saluait, du fracas assourdi de ses tonnerres, son vainqueur, l'homme ardent et obstiné qui, tant de fois, avait posé le pied sur sa tête éblouissante, dont elle avait été successivement l'enchantement et le refuge, et qui, suprême témoignage d'un inaltérable amour, avait voulu dormir son dernier sommeil dans l'humble cimetière d'un village des Alpes, — celui-là même où son âme d'enfant s'était ouverte pour la première fois au sentiment de la beauté des choses, — veillé par les grands pics neigeux.

Dans le chapitre de *Praeterita* où il raconte son voyage de 1833, RUSKIN se représente, dans la voiture qui l'emportait vers la Suisse, guettant d'un œil avide la ligne sombre des montagnes de la Forêt-Noire, derrière laquelle il entrevoyait les paysages merveilleux des Alpes. « Les portes des montagnes s'ouvraient pour moi sur une vie nouvelle qui ne devait plus cesser qu'aux portes de ces montagnes d'où l'on ne revient pas. » Ces lignes bien connues du grand esthète, ce témoignage de reconnaissance où s'affirme avec tant d'éclat l'influence que la montagne a eue sur son esprit, COOLIDGE aurait pu les signer également, car d'une autre manière que chez RUSKIN, mais d'une manière non moins typique, sa vie en a été la plus magnifique, la plus saisissante illustration.